Curso
MAD360

La diferencia entre aprobar
y sacar plaza

Auxiliar Administrativo/a

DIPUTACIÓN PROVINCIAL DE MÁLAGA

Accede a tu **Curso MAD360** y disfruta de los siguientes recursos:

AF276586

- Técnicas de Memoria 360.
- Test *online*.
- Temario en formato digital.
- Vídeos.
- Esquemas.
- Planificación de estudio.
- Foro entre opositores hasta la fecha del examen.*
- Recursos y novedades exclusivas.
- Consulta sobre la oposición y el proceso selectivo.
- Actualizaciones legislativas (Boletines Oficiales) hasta 60 días antes de la fecha del examen.*

Para acceder al Curso MAD360** será necesaria la compra de todos los libros para esta especialidad para esta convocatoria*.

Valida los códigos que encuentras en la última página de tus libros y disfruta de la experiencia MAD360.

Infórmate en: mad.es/registro-campus

NOTA IMPORTANTE:

* Examen de esta categoría profesional correspondiente a la convocatoria publicada en el BOP de Málaga núm. 234, de 11 de diciembre, o hasta el 31 de diciembre del 2024, lo que se cumpla antes.

** El acceso al CURSO MAD360 estará disponible desde enero de 2024 (algunos recursos podrían estar disponibles en fecha posterior). Tendrá una duración de 365 días, desde la validación de códigos, o hasta el 30 de junio del 2025, lo que se cumpla antes.

MAD se reserva el derecho a ampliar dichas fechas.

Auxiliar Administrativo/a de la Diputación Provincial de Málaga

Enero, 2024

Auxiliar Administrativo/a de la Diputación Provincial de Málaga

Test del temario

TERESA MARÍA TORRES FONSECA
Licenciada en Derecho

JOAQUÍN MARTÍNEZ DEL FRESNO
Licenciado en Derecho
Funcionario del Cuerpo Superior de Administradores de la Junta de Andalucía especialidad Gestión Financiera (A.1.1200)
y del Cuerpo de Gestión Administrativa, especialidad Gestión Financiera (A.2.1200)

© 7 Editores Recursos para la Cualificación Profesional y el Empleo, S.L. (7 Editores)
© Los autores
Primera edición, enero 2024 (256 páginas)
Derechos de edición reservados a favor de 7 Editores
IMPRESO EN ESPAÑA
Diseño Portada: 7 Editores
Edita: 7 Editores
Avda. San Francisco Javier, 9 · Edificio Sevilla 2 · Planta 11 · Módulos 25-27 · 41018 Sevilla
Teléfono: 954 784 411 · WEB: www.mad.es · e-mail: administracion@7editores.com
ISBN: 978-84-142-7809-3
© "Editorial Mad" y "Eduforma" son nombres comerciales registrados de
7 Editores Recursos para la Cualificación Profesional y el Empleo, S.L.

Índice

Test Materias Comunes

TEST N.º 1

La Constitución española de 1978: Principios Generales. Características y estructura. Reforma de la Constitución

1. ¿En qué se fundamenta la Constitución Española?

a) En un Estado social y democrático de Derecho.
b) En la indisoluble unidad de la Nación española.
c) En la independencia de los poderes del Estado.
d) En la organización territorial del Estado.

2. Según el artículo 3 de la CE, el castellano es la lengua oficial del Estado y todos los españoles:

a) Tienen el deber de usar y el derecho de conocer el castellano.
b) Tienen el derecho y el deber de conocer el castellano.
c) Tienen el deber de conocer y el derecho de usar el castellano.
d) Tienen el derecho de conocer y usar el castellano.

3. La Constitución Española reconoce y garantiza el derecho a la autonomía:

a) De las nacionalidades que la integran.
b) De las regiones que la integran.
c) De las Comunidades Autónomas que la integran.
d) De las nacionalidades y regiones que la integran.

4. El Preámbulo de la Constitución:

a) Tiene en sí carácter de norma jurídica.
b) Es una declaración de intenciones, destinada a interpretar lo que se quiere alcanzar con el contenido normativo de la Constitución.

c) Se trata de un texto sin fuerza jurídica de obligar.

d) Las respuestas b) y c) son correctas.

5. Señala la respuesta correcta, respecto de la aprobación, ratificación y publicación de la Constitución Española:

a) Aprobada por las Cortes el 31 de octubre de 1978, ratificada por el pueblo en referéndum el 6 de diciembre de 1978 y publicada el 29 de diciembre de 1978.

b) Aprobada por las Cortes el 30 de octubre de 1978, ratificada por el pueblo en referéndum el 16 de diciembre de 1978 y publicada el 27 de diciembre de 1978.

c) Aprobada por las Cortes el 31 de octubre de 1978, ratificada por el pueblo en referéndum el 16 de diciembre de 1978 y publicada el 29 de diciembre de 1978.

d) Aprobada por las Cortes el 10 de octubre de 1978, ratificada por el pueblo en referéndum el 26 de diciembre de 1978 y publicada el 30 de diciembre de 1978.

6. ¿En qué parte de la Carta Magna se establece la exposición de motivos que impulsan la norma constitucional y los objetivos que con ella se pretenden alcanzar?

a) En el Título Preliminar.

b) En el Preámbulo.

c) En el Título I.

d) En el Título II.

7. La Constitución Española fue sancionada por:

a) El Rey.

b) El Presidente del Congreso.

c) Las Cortes Generales.

d) El Presidente del Gobierno.

8. ¿Cuáles de los siguientes españoles de origen pueden ser privados de su nacionalidad?

a) Exclusivamente los miembros de grupos terroristas.

b) Los miembros de grupos terroristas y los que atenten contra el Rey u otro miembro de la Casa Real.

c) Los que atenten contra un miembro de la Familia Real o del Gobierno de la Nación.

d) Ningún español de origen podrá ser privado de su nacionalidad.

9. Según la CE son fundamentos del orden político y la paz social:

a) La dignidad de la persona, los derechos violables que les son inherentes y el respeto a la ley.

b) La dignidad de la persona, el desarrollo limitado de la personalidad y el respeto a la ley.

c) El respeto a la ley, a los reglamentos administrativos y demás disposiciones legales.

d) La dignidad de la persona, los derechos inviolables que le son inherentes, el libre desarrollo de su personalidad, el respeto a la ley y a los derechos de los demás.

10. ¿Cuál de los siguientes es considerado por la CE como uno de los valores superiores del ordenamiento jurídico?

a) La jerarquía normativa.
b) El pluralismo político.
c) La publicidad normativa.
d) La equidad.

11. La forma política del Estado español es:

a) Democracia parlamentaria.
b) Gobierno parlamentario.
c) Monarquía parlamentaria.
d) República democrática.

12. La parte de la CE que regula la estructura de los principales órganos del Estado recibe el nombre de:

a) Parte dogmática.
b) Parte orgánica.
c) Parte estatal.
d) Parte estructural.

13. Según la CE, la soberanía nacional:

a) Corresponde a las Cortes Generales, al estar compuestas por los representantes del pueblo.
b) Corresponde al Rey.
c) Reside en el pueblo español.
d) Corresponde al Gobierno de la Nación elegido directamente por el pueblo.

14. ¿En qué parte de la Carta Magna se señalan los valores superiores del ordenamiento jurídico?

a) En el Preámbulo.
b) En el Título Preliminar.
c) En el Título I.
d) Ninguna respuesta es correcta.

15. ¿Cuál de las siguientes es una de las características de nuestra Constitución de 1978?

a) Consensuada.
b) Corta.
c) Conservadora.
d) Originalidad.

16. Son el fundamento del orden político y de la paz social:

a) El libre desarrollo de la personalidad.
b) Los derechos inviolables que les son inherentes.
c) El respeto a la ley y a los derechos de los demás.
d) Todas las respuestas son correctas.

17. ¿Qué quedará excluido de extradición?

a) Los delitos criminales.
b) Los delitos políticos.
c) Los actos de terrorismo.
d) Ninguno.

18. ¿Qué debe ser democrático, a tenor de lo dispuesto en la Constitución Española, en los sindicatos de trabajadores y las asociaciones empresariales?

a) Su funcionamiento.
b) Su estructura interna.
c) Su funcionamiento y estructura interna.
d) Sus órganos asamblearios.

19. ¿De cuántos Capítulos consta el Título I de la CE de 1978?

a) De tres.
b) De cinco.
c) De dos.
d) De cuatro.

20. Todos los españoles, respecto al castellano, tienen el:

a) Derecho-deber de conocerlo.
b) Derecho de usar y deber de conocerlo.
c) Derecho-deber de usarlo.
d) Nada de lo anterior.

21. La capital del Estado en España es:

a) La propia de cada Comunidad Autónoma.
b) La villa de Madrid.
c) Aquella donde se establezca en cada momento el Gobierno de la Nación.
d) Aquella en la que resida generalmente el Rey.

22. El Título de la Constitución que trata de la reforma constitucional es el:

a) Primero.
b) Décimo.
c) Noveno.
d) Undécimo.

23. Los principios rectores de la política social y económica se regulan en el siguiente Capítulo y Título de la Constitución:

a) Segundo del Primero.
b) Tercero del Primero.
c) Tercero del Preliminar.
d) Primero del Séptimo.

24. La justicia, según nuestra Constitución, es un/una:

a) Principio de nuestro ordenamiento jurídico.
b) Valor superior del anterior.
c) Manifestación del Estado democrático.
d) Todo lo anterior.

25. Un español de origen puede perder esta nacionalidad:

a) Por sanción administrativa.
b) Cuando libremente renuncie a la misma.
c) Por condena penal.
d) En ningún caso.

26. Las Comunidades Autónomas deben usar o instalar la bandera española:

a) En sus edificios.
b) En los actos oficiales.
c) Cuando lo solicite el Delegado del Gobierno de la Nación en las mismas.
d) Cuando lo estimen oportuno.

27. La defensa de la integridad territorial de España se atribuye por la Constitución a/al/a las:

a) Fuerzas y Cuerpos de Seguridad.
b) Fuerzas Armadas.
c) Gobierno de la Nación.
d) Todas las anteriores.

28. El Título de la Constitución que trata de las relaciones entre el Gobierno y las Cortes Generales es el:

a) Cuarto.
b) Quinto.
c) Sexto.
d) Tercero.

29. La Constitución entró en vigor:

a) Al día siguiente de su publicación en el Boletín Oficial del Estado.
b) El 27 de diciembre de 1978.
c) El 29 de diciembre de 1978.
d) Al ser aprobada en la sesión conjunta por el Congreso de los Diputados y el Senado.

30. ¿En qué fecha aprobaron las Cortes Generales la Constitución Española?

a) El 31 de octubre de 1978.
b) El 6 de diciembre de 1978.
c) El 27 de diciembre de 1978.
d) El 29 de diciembre de 1978.

31. ¿Cuál de las siguientes no es una característica de la Carta Magna?

a) Su rigidez.
b) El establecimiento, como forma política del Estado, de la monarquía hereditaria.
c) Su codificación en un solo texto.
d) Su extensión.

32. ¿De cuántos artículos consta la Constitución Española de 1978?

a) De 154.
b) De 163.
c) De 169.
d) De 171.

33. ¿Cuál de los siguientes no es uno de los valores superiores de nuestro ordenamiento jurídico?

a) El pluralismo político.
b) La solidaridad.
c) La libertad.
d) La igualdad.

34. Las Cortes Generales, ¿en qué Título de nuestra Constitución se recogen?

a) En el Título II.
b) En el Título III.
c) En el Título IV.
d) En el Título VI.

35. Según la Disposición Final de nuestra Constitución, esta entrará en vigor:

a) Al día siguiente de su publicación en el Boletín Oficial del Estado.
b) A los veinte días de la publicación de su texto oficial en el Boletín Oficial del Estado.
c) El mismo día de la publicación de su texto oficial en el Boletín Oficial del Estado.
d) Al año de la publicación de su texto oficial en el Boletín Oficial del Estado.

36. Puede instar la reforma de la Constitución el/los/las:

a) Asambleas Legislativas de las Comunidades Autónomas.
b) Presidente del Gobierno de la Nación.
c) Consejos de Gobierno de las Comunidades Autónomas.
d) Ninguno de los anteriores.

37. No puede instar la reforma de la Constitución el/los:

a) Presidente del Gobierno de la Nación.
b) Gobierno de la Nación.
c) Congreso de los Diputados.
d) Parlamentos autonómicos.

38. En el procedimiento ordinario de reforma constitucional, el referéndum es:

a) Obligatorio en todo caso.
b) Preceptivo cuando se solicite por una décima parte de los Diputados o Senadores, dentro de los quince días siguientes a la aprobación de la reforma.
c) Voluntario en cualquier caso.
d) Improcedente.

39. La disolución de las Cortes Generales, cuando se va a proceder a la reforma de la Constitución, se produce en caso de:

a) Reforma por el procedimiento excepcional.
b) Reforma por el procedimiento ordinario.
c) Cualquier tipo de reforma.
d) Que así lo estime oportuno el Rey.

40. No puede iniciarse la reforma constitucional en:

a) Tiempo de guerra.
b) El supuesto de que el Rey no lo estime oportuno.
c) Un período extraordinario de sesiones de las Cámaras.
d) Se puede efectuar en los tres supuestos anteriores.

41. En el procedimiento general de reforma constitucional, en principio, el proyecto de reforma debe ser aprobado por:

a) El Congreso de los Diputados por mayoría de dos tercios.
b) El Congreso de los Diputados y el Senado por mayoría de tres quintos.
c) Ambas Cámaras, por mayoría absoluta.
d) Una Comisión Paritaria.

42. El procedimiento excepcional de reforma está previsto en caso de intentarse esta respecto del siguiente Título de la Constitución:

a) Cualquiera.
b) Segundo.
c) Tercero.
d) Ninguno de los anteriores.

43. ¿Qué artículos de nuestra Constitución Española se dedican a la reforma constitucional?

a) Los artículos 166 a 169.
b) Los artículos 160 a 166.
c) Los artículos 58 a 107.
d) Los artículos 13 a 21.

Solución al test n.º 1

1. b) En la indisoluble unidad de la Nación española.

2. c) Tienen el deber de conocer y el derecho de usar el castellano.

3. d) De las nacionalidades y regiones que la integran.

4. d) Las respuestas b) y c) son correctas.

5. a) Aprobada por las Cortes el 31 de octubre de 1978, ratificada por el pueblo en referéndum el 6 de diciembre de 1978 y publicada el 29 de diciembre de 1978.

6. b) En el Preámbulo.

7. a) El Rey.

8. d) Ningún español de origen podrá ser privado de su nacionalidad.

9. d) La dignidad de la persona, los derechos inviolables que le son inherentes, el libre desarrollo de su personalidad, el respeto a la ley y a los derechos de los demás.

10. b) El pluralismo político.

11. c) Monarquía parlamentaria.

12. b) Parte orgánica.

13. c) Reside en el pueblo español.

14. b) En el Título Preliminar.

15. a) Consensuada.

16. d) Todas las respuestas son correctas.

17. b) Los delitos políticos.

18. c) Su funcionamiento y estructura interna.

19. b) De cinco.

20. b) Derecho de usar y deber de conocerlo.

21. b) La villa de Madrid.

22. b) Décimo.

23. b) Tercero del Primero.

24. b) Valor superior del anterior.

25. b) Cuando libremente renuncie a la misma.

26. b) En los actos oficiales.

27. b) Fuerzas Armadas.

28. b) Quinto.

29. c) El 29 de diciembre de 1978.

30. a) El 31 de octubre de 1978.

31. b) El establecimiento, como forma política del Estado, de la monarquía hereditaria.

32. c) De 169.

33. b) La solidaridad.

34. b) En el Título III.

35. c) El mismo día de la publicación de su texto oficial en el Boletín Oficial del Estado.

36. a) Asambleas Legislativas de las Comunidades Autónomas.

37. a) Presidente del Gobierno de la Nación.

38. b) Preceptivo cuando se solicite por una décima parte de los Diputados o Senadores, dentro de los quince días siguientes a la aprobación de la reforma.

39. a) Reforma por el procedimiento excepcional.

40. a) Tiempo de guerra.

41. b) El Congreso de los Diputados y el Senado por mayoría de tres quintos.

42. b) Segundo.

43. a) Los artículos 166 a 169.

Procedimiento Administrativo Común: Los derechos del ciudadano en sus relaciones con las Administraciones Públicas. Consideración especial del interesado: Concepto y capacidad de obrar. Identificación y firma de los interesados. Normas generales de actuación de la actividad de las Administraciones Públicas

1. En materia de representación, la LPACAP incluye nuevos medios para acreditarla en el ámbito exclusivo de las Administraciones Públicas, como son, entre otros:

a) El apoderamiento notarial de forma electrónica.
b) El apoderamiento *apud acta*, presencial o electrónico.
c) El apoderamiento *anod actus*, presencial o electrónico.
d) El apoderamiento *acta omnis*, presencial.

2. La LPACAP establece, con carácter general, la obligación de las Administraciones Públicas de:

a) No admitir que el interesado pueda presentar con carácter general copias de documentos en soporte papel.
b) No admitir que el interesado pueda presentar con carácter general copias de documentos que hayan sido digitalizadas.
c) Requerir documentos ya aportados por los interesados, elaborados por las Administraciones Públicas o documentos originales.
d) No requerir documentos ya aportados por los interesados, elaborados por las Administraciones Públicas o documentos originales.

3. La edad mínima para entablar por sí solo relaciones con la Administración Pública es de:

a) Dieciocho años.
b) Depende de los casos.
c) Veintiún años la mujer casada.
d) Dieciséis años.

4. La falta o insuficiente acreditación de la representación no impedirá que se tenga por realizado el acto de que se trate, siempre que se aporte aquella o se subsane el defecto dentro del plazo que deberá conceder al efecto el órgano administrativo, de:

a) Un mes, o de un plazo superior cuando las circunstancias del caso así lo requieran.

b) Veinte días, o de un plazo superior cuando las circunstancias del caso así lo requieran.

c) Quince días, o de un plazo superior cuando las circunstancias del caso así lo requieran.

d) Diez días, o de un plazo superior cuando las circunstancias del caso así lo requieran.

5. Los poderes inscritos en el registro electrónico de apoderamientos tendrán una validez determinada máxima de:

a) Diez años a contar desde la fecha de inscripción.

b) Cinco años a contar desde la fecha de inscripción.

c) Tres años a contar desde la fecha de inscripción.

d) Dos años a contar desde la fecha de inscripción.

6. Señala la respuesta incorrecta respecto a los interesados:

a) Se consideran interesados en el procedimiento administrativo los que, sin haber iniciado el procedimiento, tengan derechos que puedan resultar afectados por la decisión que en el mismo se adopte.

b) Cuando en una solicitud, escrito o comunicación figuren varios interesados, las actuaciones a que den lugar se efectuarán con el representante o el interesado que expresamente hayan señalado, y, en su defecto, con cualquiera de los demás.

c) Cuando la condición de interesado derivase de alguna relación jurídica transmisible, el derecho-habiente sucederá en tal condición cualquiera que sea el estado del procedimiento.

d) La presentación de una denuncia y la comparecencia en el trámite de información pública, respectivamente, no confieren u otorgan, por sí solas, la condición de interesado en el procedimiento.

7. En Derecho Administrativo, a diferencia del Derecho Privado, se puede reconocer a los menores de edad:

a) Capacidad jurídica.

b) Capacidad de obrar.

c) Ambas capacidades.

d) Ninguna de ellas.

8. Señala la respuesta incorrecta. Las Administraciones Públicas solo requerirán a los interesados el uso obligatorio de firma para:

a) Presentar declaraciones responsables o comunicaciones.

b) Adquirir derechos.

c) Interponer recursos.

d) Formular solicitudes.

9. Si durante la instrucción de un procedimiento, se advierte la existencia de personas que sean titulares de derechos o intereses legítimos y directos cuya identificación resulte del expediente y que puedan resultar afectados por la resolución que se dicte:

a) Se comunicará a dichas personas la tramitación del procedimiento cuando así lo solicite el interesado que inició el procedimiento.

b) Se publicará por edictos.

c) Se comunicará a dichas personas la tramitación del procedimiento cuando este no haya tenido publicidad.

d) No se comunicará, salvo que se presenten en forma legal en el procedimiento.

10. Con carácter general, para realizar cualquier actuación prevista en el procedimiento administrativo, será suficiente con que los interesados acrediten previamente su identidad a través de cualquiera de los medios de identificación previstos en la Ley 39/2015, de 1 de octubre. Las Administraciones Públicas NO requerirán a los interesados el uso obligatorio de firma para:

a) Identificar a las autoridades y al personal al servicio de las Administraciones Públicas bajo cuya responsabilidad se tramiten los procedimientos.

b) Desistir de acciones.

c) Presentar declaraciones responsables o comunicaciones.

d) Formular solicitudes.

11. En relación con la asistencia en el uso de medios electrónicos a los interesados, el art. 12.2 de la Ley 39/2015, de 1 de octubre, dispone que las Administraciones Públicas asistirán en el uso de medios electrónicos:

a) A quienes ejerzan una actividad profesional para la que se requiera colegiación obligatoria, para los trámites y actuaciones que realicen con las Administraciones Públicas en ejercicio de dicha actividad profesional.

b) A ciertos colectivos de personas físicas que por razón de su capacidad económica, técnica, dedicación profesional u otros motivos quede acreditado que tienen acceso y disponibilidad de los medios electrónicos necesarios.

c) A los empleados de las Administraciones Públicas para los trámites y actuaciones que realicen con ellas por razón de su condición de empleado público.

d) A los interesados no incluidos en los apartados 2 y 3 del artículo 14 de la Ley 39/2015, de 1 de octubre, que así lo soliciten, especialmente en lo referente a la identificación y firma electrónica, presentación de solicitudes a través del registro electrónico general y obtención de copias auténticas.

12. Si algunos de los interesados no dispone de los medios electrónicos necesarios, su identificación o firma electrónica en el procedimiento administrativo podrá ser válidamente realizada por un funcionario público mediante el uso del sistema de firma electrónica del que esté dotado para ello. En este caso:

a) Será necesario que el interesado que carezca de los medios electrónicos necesarios se identifique ante el funcionario.

b) Será necesario que el interesado que carezca de los medios electrónicos necesarios se identifique ante el funcionario y preste su consentimiento expreso para esta actuación.

c) Será necesario que el interesado que carezca de los medios electrónicos necesarios se identifique ante el funcionario y preste su consentimiento expreso para esta actuación, de lo que deberá quedar constancia para los casos de discrepancia.

d) Será necesario que el interesado que carezca de los medios electrónicos necesarios se identifique ante el funcionario y preste su consentimiento expreso para esta actuación, de lo que deberá quedar constancia para los casos de discrepancia o litigio.

13. Señala uno de los derechos que la Ley 39/2015, de 1 de octubre, del Procedimiento Administrativo Común de las Administraciones Públicas, reconoce a quienes tengan capacidad de obrar ante las Administraciones Públicas:

a) A la obtención y utilización de los medios de identificación y firma electrónica contemplados en la Ley 39/2015, de 1 de octubre.

b) A la protección de datos de carácter personal, y en particular a la seguridad y confidencialidad de los datos que figuren en los ficheros, sistemas y aplicaciones de las Administraciones Públicas.

c) A ser asistidos en el uso de medios electrónicos en sus relaciones con las Administraciones Públicas.

d) Todas las respuestas son correctas.

14. La Ley 39/2015, de 1 de octubre, del Procedimiento Administrativo Común de las Administraciones Públicas, reconoce a quienes tengan capacidad de obrar ante las Administraciones Públicas el derecho a comunicarse con las Administraciones Públicas a través de:

a) Un Punto de Acceso Rápido Telemático.

b) Un Punto Electrónico Central.

c) Un Punto Único Electrónico de contacto.

d) Un Punto de Acceso General electrónico de la Administración.

15. A menos que la naturaleza del documento exija otra forma más adecuada de expresión y constancia, las Administraciones Públicas deberán emitir los documentos administrativos:

a) Preferiblemente de forma verbal.

b) Por escrito, a través de medios electrónicos.

c) Verbal o en su defecto por escrito.

d) De cualquier forma que deje constancia de su recepción.

16. Indica cuál de los siguientes documentos electrónicos emitidos por las Administraciones Públicas no requieren de firma electrónica, aunque sí precisan identificar su origen:

a) Los documentos que formen parte de un expediente administrativo.

b) Los documentos que se publiquen con carácter sancionador.

c) Los documentos que se publiquen con carácter meramente informativo.

d) Todos los documentos electrónicos emitidos por una Administración Pública requieren de firma electrónica.

17. ¿Cuándo podrán los interesados solicitar la expedición de copias auténticas de los documentos públicos administrativos que hayan sido válidamente emitidos por las Administraciones Públicas?

a) Únicamente en la fase de audiencia.

b) Solo en la fase de prueba.

c) Siempre antes de la resolución del expediente administrativo.

d) En cualquier momento.

18. La solicitud de copias auténticas de los documentos públicos administrativos que hayan sido válidamente emitidos por las Administraciones Públicas se dirigirá al órgano que emitió el documento original, debiendo expedirse, salvo las excepciones derivadas de la aplicación de la Ley 19/2013, de 9 de diciembre, en el plazo de:

a) Un mes a contar desde la recepción de la solicitud en el registro electrónico de la Administración u Organismo competente.

b) Veinte días a contar desde la recepción de la solicitud en el registro electrónico de la Administración u Organismo competente.

c) Quince días a contar desde la recepción de la solicitud en el registro electrónico de la Administración u Organismo competente.

d) Diez días a contar desde la recepción de la solicitud en el registro electrónico de la Administración u Organismo competente.

19. Los documentos que los interesados dirijan a los órganos de las Administraciones Públicas podrán presentarse:

a) En las oficinas de Correos, en la forma que reglamentariamente se establezca.

b) En las representaciones diplomáticas u oficinas consulares de España en el extranjero.

c) En las oficinas de asistencia en materia de registros.

d) Todas las respuestas son correctas.

20. Señala la respuesta incorrecta respecto a la comparecencia de las personas:

a) La comparecencia de las personas ante las oficinas públicas, ya sea presencialmente o por medios electrónicos, solo será obligatoria cuando así esté previsto mediante Reglamento.

b) En los casos en que proceda la comparecencia, la correspondiente citación hará constar expresamente el lugar, fecha, hora, los medios disponibles y objeto de la comparecencia, así como los efectos de no atenderla.

c) Las Administraciones Públicas entregarán al interesado certificación acreditativa de la comparecencia cuando así lo solicite.

d) Todas las respuestas son incorrectas.

21. Señala la respuesta incorrecta:

a) Estarán obligados a relacionarse a través de medios electrónicos con las Administraciones Públicas para la realización de cualquier trámite de un procedimiento administrativo los notarios y registradores de la propiedad y mercantiles.

b) En los procedimientos tramitados por las Administraciones de las Comunidades Autónomas y de las Entidades Locales, el uso de la lengua se ajustará a lo previsto en la legislación nacional.

c) Cada Administración dispondrá de un Registro Electrónico General, en el que se hará el correspondiente asiento de todo documento que sea presentado o que se reciba en cualquier órgano administrativo, organismo público o entidad vinculado o dependiente a estos.

d) Las personas físicas podrán elegir en todo momento si se comunican con las Administraciones Públicas para el ejercicio de sus derechos y obligaciones a través de medios electrónicos o no, salvo que estén obligadas a relacionarse a través de medios electrónicos con las Administraciones Públicas.

22. ¿Quién puede obtener copias de documentos contenidos en un procedimiento que se esté tramitando?

a) Solo los interesados en él.

b) Cualquier ciudadano.

c) Nadie.

d) Solo otro órgano administrativo.

23. Si un interesado de una Comunidad Autónoma con lengua oficial específica se dirige a un órgano de la Administración General del Estado sito en su Comunidad, ha de hacerlo en:

a) Castellano necesariamente.

b) Su lengua oficial exclusivamente.

c) Cualquiera de las dos anteriores, a su opción.

d) La que se le indique por la citada Administración.

24. Los interesados en un procedimiento que conozcan datos que permitan identificar a otros interesados que no hayan comparecido en él:

a) Tienen el deber de proporcionárselos a la Administración actuante.
b) Pueden proporcionárselos a la Administración actuante, cuando lo estimen conveniente.
c) No tienen por qué aportarlos al procedimiento.
d) Solo tienen obligación de aportarlos cuando les proporcione un beneficio.

Solución al test n.º 2

1. b) El apoderamiento *apud acta*, presencial o electrónico.

2. d) No requerir documentos ya aportados por los interesados, elaborados por las Administraciones Públicas o documentos originales.

3. b) Depende de los casos.

4. d) Diez días, o de un plazo superior cuando las circunstancias del caso así lo requieran.

5. b) Cinco años a contar desde la fecha de inscripción.

6. b) Cuando en una solicitud, escrito o comunicación figuren varios interesados, las actuaciones a que den lugar se efectuarán con el representante o el interesado que expresamente hayan señalado, y, en su defecto, con cualquiera de los demás.

7. b) Capacidad de obrar.

8. b) Adquirir derechos.

9. c) Se comunicará a dichas personas la tramitación del procedimiento cuando este no haya tenido publicidad.

10. a) Identificar a las autoridades y al personal al servicio de las Administraciones Públicas bajo cuya responsabilidad se tramiten los procedimientos.

11. d) A los interesados no incluidos en los apartados 2 y 3 del artículo 14 de la Ley 39/2015, de 1 de octubre, que así lo soliciten, especialmente en lo referente a la identificación y firma electrónica, presentación de solicitudes a través del registro electrónico general y obtención de copias auténticas.

12. d) Será necesario que el interesado que carezca de los medios electrónicos necesarios se identifique ante el funcionario y preste su consentimiento expreso para esta actuación, de lo que deberá quedar constancia para los casos de discrepancia o litigio.

13. d) Todas las respuestas son correctas.

14. d) Un Punto de Acceso General electrónico de la Administración.

15. b) Por escrito, a través de medios electrónicos.

16. c) Los documentos que se publiquen con carácter meramente informativo.

17. d) En cualquier momento.

18. c) Quince días a contar desde la recepción de la solicitud en el registro electrónico de la Administración u Organismo competente.

19. d) Todas las respuestas son correctas.

20. a) La comparecencia de las personas ante las oficinas públicas, ya sea presencialmente o por medios electrónicos, solo será obligatoria cuando así esté previsto mediante Reglamento.

21. b) En los procedimientos tramitados por las Administraciones de las Comunidades Autónomas y de las Entidades Locales, el uso de la lengua se ajustará a lo previsto en la legislación nacional.

22. a) Solo los interesados en él.

23. c) Cualquiera de las dos anteriores, a su opción.

24. a) Tienen el deber de proporcionárselos a la Administración actuante.

TEST N.º 3

Régimen local español. Principios constitucionales y regulación jurídica en la Ley 7/1985. Organización y competencias provinciales y municipales

1. Uno de los principios fundamentales en relación con el Régimen Local que recoge la Constitución Española es:

a) La autonomía de las Corporaciones Locales en la gestión de sus intereses.
b) El carácter democrático y representativo de sus órganos de gobierno.
c) La suficiencia de las Haciendas Locales.
d) Todas las respuestas anteriores son correctas.

2. ¿Es posible crear agrupaciones de Municipios diferentes de la Provincia?

a) No.
b) En algunos casos.
c) Solo si lo decide el Presidente del Gobierno.
d) Sí.

3. De conformidad con el artículo 140 de la Constitución Española, los concejales serán elegidos por sufragio:

a) Universal por parte de los ciudadanos del municipio.
b) Universal, igual, libre, e indirecto.
c) Universal, igual, libre, directo y secreto.
d) Universal, igual, libre, directo y secreto, en la forma establecida en la ley.

4. Según el artículo 103.1 de la Constitución Española, la Administración Pública sirve con objetividad los intereses generales y actúa de acuerdo con los principios de:

a) Eficacia, jerarquía, descentralización, desconcentración y suficiencia financiera.
b) Descentralización, desconcentración, altruismo y eficacia.
c) Eficacia, jerarquía, descentralización, desconcentración y coordinación.
d) Eficacia, jerarquía, descentralización, desconcentración y gratuidad.

5. La atribución de las competencias que procedan a Municipios, Provincias e Islas en atención a las características de la actividad de que se trate y a la capacidad de gestión de la Entidad Local, ha de hacerse de conformidad con el principio de:

a) Desconcentración.
b) Coordinación.
c) Descentralización.
d) Todos los anteriores rigen en dicha atribución.

6. La Ley de Régimen Local, además de a sí misma, remite explícitamente a los correspondientes Estatutos de Autonomía la creación de:

a) Todas las Entidades Locales territoriales.
b) Las restantes Entidades Locales.
c) Las Áreas Metropolitanas.
d) Las Comarcas u otras entidades que agrupen varios Municipios.

7. Las potestades reconocidas a las Entidades Locales básicas (Municipios, Provincias e Islas) se les confieren:

a) Dentro de la esfera de sus competencias.
b) En calidad de Administraciones Públicas de carácter territorial.
c) Con carácter delegado.
d) Las respuestas a y b son correctas.

8. Respecto de las Comarcas y Áreas Metropolitanas, el reconocimiento de las potestades atribuidas a los Municipios, Provincias e Islas:

a) Se atribuye a las Leyes de las Comunidades Autónomas.
b) Está prohibido.
c) Ha de conferirse por Decreto del Consejo de Gobierno de la correspondiente Comunidad Autónoma.
d) Se realiza por el Ministerio de Administraciones Públicas.

9. Entre las potestades atribuidas a los Municipios, Provincias e Islas se encuentra la de:

a) Planificación.
b) Expropiación Forzosa.
c) Creación de tributos.
d) Las respuestas a y b son ciertas.

10. Junto a la potestad tributaria, el art. 4 de la Ley de Régimen Local reconoce explícitamente a los Municipios, Provincias e Islas la potestad:

a) De programación.
b) De planificación.
c) Financiera.
d) De autoorganización.

11. Respecto de las Mancomunidades, las potestades reconocidas a Municipios, Provincias e Islas:

a) Han de venir recogidas en sus Estatutos.
b) No se les reconocen
c) Tendrán todas, en defecto de previsión estatutaria, siempre que sean precisas para el cumplimiento de su finalidad.
d) Las respuestas a y c son ciertas.

12. Entre los principios de actuación de las Entidades Locales recogidos en el art. 6 de la Ley de Régimen Local no se encuentra el de:

a) Eficacia.
b) Jerarquía.
c) Coordinación.
d) Están todos ellos.

13. Las competencias propias de las Entidades Locales territoriales se determinan por:

a) Ley.
b) Ordenanzas y Reglamentos.
c) Real Decreto del Consejo de Ministros.
d) Decreto del Consejo de Gobierno de la respectiva Comunidad Autónoma.

14. Cuando se delegan competencias en las Entidades Locales, en su ejercicio, el art. 7 de la Ley de Régimen Local, prevé la existencia de un control de:

a) Constitucionalidad.
b) Legalidad.
c) Oportunidad.
d) Carácter financiero.

15. Según la Constitución, a la Provincia solo la pueden gobernar y administrar autónomamente los/las:

a) Diputaciones.
b) Plenos de las mismas.

c) Presidentes.

d) Diputaciones u otro tipo de Corporaciones representativas.

16. Señala cuál de las siguientes no es una potestad o prerrogativa de una Entidad Local:

a) Tributaria y financiera.

b) La embargabilidad de sus bienes y derechos en los términos previstos en las leyes.

c) De ejecución forzosa y sancionadora.

d) Expropiatoria y de investigación.

17. El Estatuto Provincial de CALVO-SOTELO fue de:

a) 1929.

b) 1924.

c) 1925.

d) 1931.

18. Los órganos desconcentrados y descentralizados para la gestión de los servicios de las Provincias son creados por:

a) El Presidente de la Corporación.

b) El Pleno de la Corporación.

c) La Comisión de Cuentas.

d) La Junta de Gobierno.

19. La división provincial actual arranca del/de la:

a) Constitución vigente.

b) Constitución de 1812.

c) Decreto de Javier de Burgos de 1833.

d) Vigente Ley de Régimen Local.

20. Respecto al Estado, la delimitación provincial del territorio español:

a) Sirve para que este gestione a dicho nivel algunos de sus servicios.

b) Es la base del reconocimiento de los Municipios.

c) No tiene repercusión alguna.

d) Comporta la necesaria descentralización de su organización.

21. El Derecho autonómico ha atribuido a las Provincias la función de prestar servicios de la Comunidad Autónoma de carácter:

a) Delegado.

b) Desconcentrado.

c) Descentralizado.
d) Las respuestas a) y c) son correctas.

22. La denominación y capitalidad de una Provincia puede hacerse por:

a) Ley Orgánica de las Cortes Generales.
b) Ley ordinaria de las mismas.
c) Ley de la Asamblea Legislativa de la Comunidad Autónoma.
d) Real Decreto del Gobierno de la Nación.

23. La Provincia es circunscripción electoral para la elección de/de los:

a) Concejales.
b) Parlamentos Autonómicos.
c) Diputados Provinciales.
d) Todos los anteriores.

24. La alteración de los límites provinciales se efectuará por:

a) Ley de la Asamblea Legislativa de la Comunidad Autónoma respectiva.
b) Ley Orgánica de las Cortes Generales.
c) Acuerdo del Consejo de Ministros.
d) Acuerdo del Consejo de Gobierno de la Comunidad Autónoma correspondiente.

25. El ámbito sectorial en que la Provincia puede actuar con arreglo a Derecho, se denomina:

a) Ámbito decisorio.
b) Programa sectorial.
c) Sector de actuación.
d) Competencia provincial.

26. Las Diputaciones Provinciales fueron abolidas por Fernando VII en:

a) 1812.
b) 1814.
c) 1823.
d) 1833.

27. El número de Provincias existentes en la actualidad, en España, es:

a) Cincuenta y dos.
b) Cincuenta.
c) Cincuenta y uno.
d) Cincuenta y dos más las Islas.

28. La personalidad jurídica de las Provincias se califica por la ley de:

a) Plena.
b) Propia.
c) Depende del Ente que las crea.
d) No la tienen.

29. La Provincia participa en la:

a) Cooperación de la Administración Estatal y Autonómica con la Local.
b) Colaboración de dichas Administraciones.
c) Coordinación de la Administración Local con la de la Comunidad Autónoma y la del Estado.
d) No tiene participación alguna.

30. Los habitantes de una Provincia reciben, por esta condición, el nombre de:

a) Vecinos.
b) Provincianos.
c) Residentes.
d) Ninguno.

31. Son fines propios y específicos de las Provincias:

a) Realizar los servicios de competencia municipal.
b) Coordinar la Administración Municipal con la Estatal y Autonómica.
c) Garantizar los principios de solidaridad y autonomía intermunicipales.
d) Garantizar el principio de equilibrio intermunicipal.

32. En cuanto a los servicios municipales, la Provincia:

a) Debe efectuar su prestación.
b) Basta con que asegure dicha prestación.
c) Los gestiona de común acuerdo con los Ayuntamientos.
d) Nada de lo anterior es cierto.

33. Son órganos necesarios de toda Diputación Provincial el:

a) Pleno, el Presidente y los Vicepresidentes.
b) Presidente, los Vicepresidentes en su caso, el Pleno y la Junta de Gobierno.
c) Pleno, el Presidente, los Vicepresidentes y la Junta de Gobierno en todo caso.
d) Pleno, el Presidente, los Vicepresidentes y la Junta de Gobierno cuando así lo apruebe el Pleno.

34. No es un órgano necesario en una Diputación el/la/los:

a) Comisión Especial de Cuentas.
b) Pleno.
c) Diputados Delegados.
d) Vicepresidentes.

35. Entre los órganos complementarios de las Diputaciones no se encuentran los/las:

a) Juntas Sectoriales.
b) Comisiones Informativas.
c) Comisión Especial de Cuentas.
d) Diputados Delegados.

36. La elección del Presidente de una Diputación Provincial se hará:

a) Entre los que encabecen las correspondientes listas en las elecciones locales.
b) Por mayoría absoluta en primera vuelta y simple en la segunda.
c) Por mayoría absoluta en primera vuelta y, en su defecto, el de la lista más votada.
d) Entre todos los concejales elegidos en los Municipios de la Provincia.

37. El Presidente de la Diputación Provincial de Barcelona es:

a) Excelentísimo.
b) Ilustrísimo.
c) Señoría.
d) No existe esta figura allí.

38. El mandato de un Presidente de Diputación Provincial dura normalmente:

a) Cuatro años.
b) Cinco años.
c) Dos años, siendo reelegible.
d) Nueve años.

39. Cuando se presente una moción de censura, el Pleno será presidido por una Mesa de edad, integrada por:

a) Los concejales de mayor y menor edad de los presentes, excluidos el Alcalde y el candidato a la Alcaldía.
b) Los concejales de mayor edad, excluidos el Alcalde y el candidato a la Alcaldía.
c) Los concejales de menor edad de los presentes, incluidos el Alcalde y el candidato a la Alcaldía.
d) Los concejales de mayor y menor edad, excluidos el Alcalde pero no el candidato a la Alcaldía.

40. El Presidente de la Diputación no puede delegar la siguiente atribución:

a) Presidir la Junta de Gobierno.
b) Aprobar las bases de las pruebas de selección de los funcionarios.
c) Dirigir los servicios y obras de la Diputación.
d) Ninguna de las anteriores puede ser objeto de delegación.

41. La declaración de la excedencia forzosa de un funcionario de la Diputación es competencia del/de la:

a) Pleno de la misma.
b) Presidente.
c) Junta de Gobierno.
d) Junta de Personal.

42. El Presidente de la Diputación puede ejercer acciones judiciales:

a) En caso de urgencia solo.
b) Por delegación de la Junta de Gobierno.
c) En cualquier momento, respecto a las materias de su competencia.
d) Solo cuando afecten a la autonomía de la propia Diputación.

43. Asegurar la gestión de los servicios propios de la Comunidad Autónoma cuya gestión ordinaria esté encomendada a la Diputación es competencia del/de la:

a) Diputado-Delegado que corresponda.
b) Presidente de la Diputación.
c) Pleno de la Diputación.
d) Comunidad Autónoma.

44. Una Diputación de una Provincia con cuatro millones de habitantes tiene el siguiente número de Diputados:

a) Veintisiete.
b) Treinta y uno.
c) Cincuenta y uno.
d) Cincuenta y dos.

45. La personalidad jurídica de los Municipios, según la Constitución Española, es:

a) Propia.
b) Plena.
c) Reconocida por el Ente que los crea.
d) Dependiente de su autonomía.

46. Según nuestra Constitución, los Concejales no son elegidos por sufragio:

a) Universal.
b) Igual.
c) Paritario.
d) Libre.

47. La organización municipal complementaria que establezca una Comunidad Autónoma con carácter general, respecto a los Municipios de la misma:

a) Se aplica preferentemente a la establecida con tal carácter por el Estado.
b) Se aplica preferentemente a la establecida por el Reglamento Orgánico de cada Municipio.
c) Se aplica después de la del Estado y la del Reglamento Orgánico.
d) Las respuestas a) y b) son ciertas.

48. La elección de un Alcalde, tras unas elecciones locales, se efectúa:

a) Directamente en las elecciones locales.
b) En sesión extraordinaria al efecto.
c) En la sesión constitutiva de la Corporación.
d) Por los vecinos exclusivamente.

49. La destitución del Presidente de una Corporación Local se efectúa a través de la:

a) Renuncia.
b) Cuestión de confianza.
c) Moción de censura.
d) Las respuestas b) y c) son ciertas.

50. ¿Se puede presentar más de una moción de censura contra el mismo Presidente de una Entidad Local?

a) Sí, cuando prospere una de ellas.
b) Solo en distintos períodos de sesiones.
c) Depende del Reglamento Orgánico de la Entidad.
d) Nada de lo expuesto es cierto.

51. En una moción de censura contra un Presidente de una Entidad Local, puede ser candidato:

a) Los cabezas de lista.
b) Los portavoces de los Grupos Políticos.

c) Cualquier Concejal cuya aceptación expresa conste en el escrito de proposición de la moción.

d) Ninguno de los anteriores.

52. En el caso de que la cuestión de confianza planteada por un Alcalde no obtuviera el número necesario de votos favorables para la aprobación del acuerdo:

a) Quedan cesados todos sus miembros.

b) El Alcalde cesará automáticamente, quedando en funciones hasta la toma de posesión de quien hubiere de sucederle en el cargo.

c) Se nombra como tal al primer Teniente de Alcalde.

d) Se hace una nueva sesión constitutiva, tras la celebración de elecciones.

53. La denominada competencia residual, en virtud de la cual se le atribuyen aquellas competencias que no estén expresamente asignadas a otro órgano, la tiene en un Ayuntamiento el/la/las:

a) Pleno.

b) Comisiones Informativas.

c) Presidente.

d) Junta de Gobierno Local.

54. El voto de calidad del Presidente de una Corporación Local:

a) Inclina la votación al sector en el que él haya votado, en caso de empate producido en la reunión de un órgano colegiado.

b) Da fe del resultado de la votación.

c) Significa que es muy importante quien emite el voto.

d) Provoca la irrecurribilidad del acuerdo adoptado.

55. La aprobación del proyecto de presupuesto en un Municipio de gran población es competencia del/de la:

a) Presidente.

b) Junta de Gobierno Local.

c) Pleno.

d) Comunidad Autónoma.

56. La delegación de competencias de un Alcalde:

a) Se efectúa por acuerdo de Pleno.

b) Se reviste formalmente en forma de Decreto de dicho Pleno.

c) Se puede dar en todo tipo de materias.

d) Nada de lo anterior es correcto.

57. Los nombramientos de funcionarios en los Ayuntamientos de Municipios de régimen común corresponden al/a la:

a) Pleno.
b) Junta de Gobierno Local.
c) Presidente.
d) Delegado de Personal.

58. La aprobación de las formas de gestión de los servicios públicos en los Ayuntamientos de Municipios de régimen común corresponde genuinamente al/a la:

a) Pleno.
b) Presidente.
c) Junta de Gobierno Local.
d) Comunidad Autónoma respectiva.

59. En un Municipio de 7.000 habitantes, ¿cuántos Concejales habrá de elegirse para su Ayuntamiento?

a) Siete.
b) Diez.
c) Trece.
d) Quince.

60. La representación del Ayuntamiento compete al/a la/a los:

a) Alcalde.
b) Pleno.
c) Junta de Gobierno Local.
d) Tenientes de Alcalde en su ámbito competencial respectivo.

61. La Relación de Puestos de un Ayuntamiento de un Municipio de gran población la aprueba el/la:

a) Junta de Personal.
b) Pleno.
c) Alcalde.
d) Junta de Gobierno Local.

62. Conceder gratificaciones al personal en Ayuntamientos de Municipios de régimen común es competencia del/de la:

a) Pleno.
b) Presidente.

c) Junta de Gobierno Local.
d) Junta de Personal.

63. El ejercicio normal de acciones judiciales compete en un Municipio de gran población al/a la/a los:

a) Presidente.
b) Pleno.
c) Junta de Gobierno Local.
d) Anteriores, en las materias de sus respectivas competencias.

64. Señala cuál de los siguientes puede ser una forma de organización desconcentrada del Municipio, para la administración de núcleos de población separados, sin personalidad jurídica:

a) Parroquia.
b) Pedanía.
c) Aldea.
d) Todos los anteriores pueden serlo.

65. La Junta de Gobierno Local de un Ayuntamiento de Municipio de régimen común tiene, además del Presidente, los siguientes miembros como máximo:

a) Diez.
b) Depende del número de habitantes.
c) Dos tercios del de la Corporación.
d) Un tercio de estos.

66. Los Concejales-Delegados se nombran por el/la:

a) Presidente.
b) Pleno.
c) Grupo Político.
d) Junta de Gobierno Local.

67. Cuando un Teniente de Alcalde sustituye al Alcalde en una sesión, en la deliberación y votación de un asunto en el que el sustituido debe abstenerse:

a) Tiene un doble voto.
b) Preside circunstancialmente la misma.
c) No puede votar.
d) No puede hacerlo.

68. El Pleno, respecto del nombramiento de los Tenientes de Alcalde:

a) Es oído previamente.
b) Toma conocimiento.
c) Lo aprueba.
d) No tiene nada que hacer.

69. El régimen retributivo de los órganos directivos municipales en un Municipio de gran población se establece por el/la:

a) Concejal-Delegado de Personal.
b) Alcalde.
c) Pleno.
d) Junta de Gobierno Local.

70. Los representantes personales en poblados y barriadas se dan solo en:

a) Los Municipios.
b) Las Provincias.
c) Las Islas menores.
d) Todas las respuestas son correctas.

71. La Comisión Especial de Cuentas es un órgano:

a) Necesario.
b) Complementario y, por lo tanto, facultativo.
c) Voluntario.
d) Decisorio.

72. Las Juntas Municipales de Distrito son creadas por el/la/los:

a) Comunidad Autónoma de que se trate.
b) Consejos Sectoriales.
c) Pleno del Ayuntamiento de que dependan.
d) Alcalde, a quien corresponde el nombramiento de sus integrantes.

73. Los grupos políticos de una Entidad Local deben estar representados forzosamente en la/los:

a) Comisión Especial de Cuentas.
b) Órganos desconcentrados.
c) Consejos Sectoriales.
d) Todas las respuestas son correctas.

74. Tiene carácter transitorio en el mandato de una Corporación Local el/la/las:

a) Comisiones Informativas Especiales.
b) Comisión Especial de Cuentas.
c) Pleno.
d) Comisiones Informativas en general.

75. El órgano complementario que se constituye con y sin miembros de la Corporación para tratar colegiadamente asuntos que afectan a materias concretas de la actividad y competencia de un Municipio se llama:

a) Comisión Informativa.
b) Consejo Sectorial.
c) Junta Municipal de Distrito.
d) Comisión Especial de Cuentas.

76. Los Consejos Sectoriales se presiden por el:

a) Presidente de la Corporación.
b) Miembro de esta que designe el Pleno.
c) Miembro de esta que designe el Presidente.
d) Elegido por y entre sus miembros.

77. Para ser representante personal del Alcalde en una barriada se requiere:

a) Elección por el Pleno.
b) Ser elegido en las elecciones locales por esa circunscripción.
c) Pertenecer al grupo de gobierno municipal.
d) Vivir en ella.

78. La protección civil es servicio mínimo a prestar por los Municipios de más de:

a) 5.000 habitantes.
b) 20.000 habitantes.
c) 50.000 habitantes.
d) Las respuestas b) y c) son ciertas.

79. No es servicio mínimo de un Ayuntamiento de menos de 5.000 habitantes el de:

a) Acceso a los núcleos de población.
b) Alumbrado público.
c) Transporte colectivo urbano de viajeros.
d) Recogida de residuos.

80. Es servicio mínimo de un Ayuntamiento de menos de 5.000 habitantes el de:

a) Servicios funerarios.
b) Medio ambiente urbano.
c) Extinción de incendios.
d) Limpieza viaria.

81. El transporte colectivo urbano de viajeros debe prestarse obligatoriamente en los Municipios de más de:

a) 5.000 habitantes.
b) 10.000 habitantes.
c) 20.000 habitantes.
d) 50.000 habitantes.

82. La evaluación e información de situaciones de necesidad social y la atención inmediata a personas en situación o riesgo de exclusión social, debe prestarse en los Municipios que tengan una población, como mínimo, superior a:

a) 50.000 habitantes.
b) 5.000 habitantes.
c) 20.000 habitantes.
d) 100.000 habitantes.

83. Si se plantea un conflicto de competencias entre dos Ayuntamientos de distintas Provincias de una misma Comunidad Autónoma, se resuelve por el/la/las:

a) Pleno de cada uno de ellos.
b) Ministerio de la Presidencia, Justicia y Relaciones con las Cortes.
c) Respectivas Diputaciones Provinciales.
d) Comunidad Autónoma.

84. ¿A qué órgano del Ayuntamiento le corresponde la creación de los distritos?

a) Al Alcalde.
b) A la Junta de Gobierno Local.
c) Al Teniente de Alcalde.
d) Al Pleno de la Corporación.

85. El órgano administrativo responsable de la asistencia jurídica al Alcalde, a la Junta de Gobierno Local y a los órganos directivos, se denomina:

a) Gabinete Jurídico.
b) Asesoría Jurídica.

c) Asesoría Social.
d) Defensa Jurídica del Ayuntamiento.

86. En los Municipios en los que exista un Consejo Social de la Ciudad, este estará integrado por representantes de las organizaciones:

a) Económicas.
b) Sociales y profesionales.
c) Organizaciones de vecinos más representativas.
d) Todas las respuestas anteriores son correctas.

87. Para la consecución de una gestión integral del sistema tributario municipal, los ayuntamientos de los municipios de gran población puede crear un órgano de gestión tributaria. ¿A qué órgano compete su creación?

a) Al Alcalde.
b) A la Junta de Gobierno Local.
c) Al Pleno.
d) Al Interventor.

88. Los conflictos de atribuciones que surjan entre órganos y Entidades dependientes de una misma Corporación Local se resolverán por:

a) El Pleno o el Presidente de la Corporación, según los implicados en el conflicto.
b) Por el Pleno, en todo caso.
c) Por la Junta de Gobierno local.
d) Por la Asesoría Jurídica de la Corporación.

89. Señala cuál de los siguientes no es un servicio que se deba prestar en todos los Municipios:

a) Biblioteca pública.
b) Pavimentación de las vías públicas.
c) Limpieza viaria.
d) Abastecimiento domiciliario de agua potable.

90. No es una competencia que pueda ser ejercida como propia por el Municipio:

a) La protección y gestión del Patrimonio histórico.
b) Policía nacional y protección civil.
c) La protección contra la contaminación acústica.
d) La protección de la salubridad pública.

Solución al test n.º 3

1. d) Todas las respuestas anteriores son correctas.

2. d) Sí.

3. d) Universal, igual, libre, directo y secreto, en la forma establecida en la ley.

4. c) Eficacia, jerarquía, descentralización, desconcentración y coordinación.

5. c) Descentralización.

6. d) Las Comarcas u otras entidades que agrupen varios Municipios.

7. d) Las respuestas a y b son correctas.

8. a) Se atribuye a las Leyes de las Comunidades Autónomas.

9. d) Las respuestas a y b son ciertas.

10. c) Financiera.

11. d) Las respuestas a y c son ciertas.

12. b) Jerarquía.

13. a) Ley.

14. c) Oportunidad.

15. d) Diputaciones u otro tipo de Corporaciones representativas.

16. b) La embargabilidad de sus bienes y derechos en los términos previstos en las leyes.

17. c) 1925.

18. b) El Pleno de la Corporación.

19. b) Constitución de 1812.

20. a) Sirve para que este gestione a dicho nivel algunos de sus servicios.

21. d) Las respuestas a) y c) son correctas.

22. b) Ley ordinaria de las mismas.

23. b) Parlamentos Autonómicos.

24. b) Ley Orgánica de las Cortes Generales.

25. d) Competencia provincial.

26. b) 1814.

27. b) Cincuenta.

28. b) Propia.

29. c) Coordinación de la Administración Local con la de la Comunidad Autónoma y la del Estado.

30. d) Ninguno.

31. d) Garantizar el principio de equilibrio intermunicipal.

32. b) Basta con que asegure dicha prestación.

33. c) Pleno, el Presidente, los Vicepresidentes y la Junta de Gobierno en todo caso.

34. c) Diputados Delegados.

35. a) Juntas Sectoriales.

36. b) Por mayoría absoluta en primera vuelta y simple en la segunda.

37. a) Excelentísimo.

38. a) Cuatro años.

39. a) Los concejales de mayor y menor edad de los presentes, excluidos el Alcalde y el candidato a la Alcaldía.

40. a) Presidir la Junta de Gobierno.

41. b) Presidente.

42. c) En cualquier momento, respecto a las materias de su competencia.

43. b) Presidente de la Diputación.

44. c) Cincuenta y uno.

45. b) Plena.

46. c) Paritario.

47. b) Se aplica preferentemente a la establecida por el Reglamento Orgánico de cada Municipio.

48. c) En la sesión constitutiva de la Corporación.

49. d) Las respuestas b) y c) son ciertas.

50. d) Nada de lo expuesto es cierto.

51. c) Cualquier Concejal cuya aceptación expresa conste en el escrito de proposición de la moción.

52. b) El Alcalde cesará automáticamente, quedando en funciones hasta la toma de posesión de quien hubiere de sucederle en el cargo.

53. c) Presidente.

54. a) Inclina la votación al sector en el que él haya votado, en caso de empate producido en la reunión de un órgano colegiado.

55. b) Junta de Gobierno Local.

56. d) Nada de lo anterior es correcto.

57. c) Presidente.

58. a) Pleno.

59. c) Trece.

60. a) Alcalde.

61. d) Junta de Gobierno Local.

62. b) Presidente.

63. d) Anteriores, en las materias de sus respectivas competencias.

64. d) Todos los anteriores pueden serlo.

65. d) Un tercio de estos.

66. a) Presidente.

67. b) Preside circunstancialmente la misma.

68. b) Toma conocimiento.

69. c) Pleno.

70. a) Los Municipios.

71. a) Necesario.

72. c) Pleno del Ayuntamiento de que dependan.

73. a) Comisión Especial de Cuentas.

74. a) Comisiones Informativas Especiales.

75. b) Consejo Sectorial.

76. c) Miembro de esta que designe el Presidente.

77. d) Vivir en ella.

78. b) 20.000 habitantes.

79. c) Transporte colectivo urbano de viajeros.

80. d) Limpieza viaria.

81. d) 50.000 habitantes.

82. c) 20.000 habitantes.

83. d) Comunidad Autónoma.

84. d) Al Pleno de la Corporación.

85. b) Asesoría Jurídica.

86. d) Todas las respuestas anteriores son correctas.

87. c) Al Pleno.

88. a) El Pleno o el Presidente de la Corporación, según los implicados en el conflicto.

89. a) Biblioteca pública.

90. b) Policía nacional y protección civil.

TEST N.º 4

Personal al servicio de las entidades locales: La función pública local y su organización. Selección y situaciones administrativas. Derechos y deberes del personal al servicio de los entes locales

1. ¿A qué dos principios ha de atender la designación del personal directivo profesional de las Administraciones Públicas?

a) Publicidad y concurrencia.
b) Legalidad e igualdad.
c) Capacidad y mérito.
d) Idoneidad y transparencia.

2. ¿Cuál es el órgano competente para la imposición de sanciones disciplinarias a los funcionarios de administración local con habilitación de carácter nacional, cuando la sanción que recaiga sea por falta muy grave, tipificada en la normativa básica estatal?

a) El Presidente del Gobierno.
b) El Consejo de Estado.
c) El Ministro de Hacienda y Función Pública.
d) Cualquiera de los anteriores.

3. Para el acceso a los cuerpos o escalas del Grupo B se exigirá estar en posesión del:

a) Título de Técnico Superior.
b) Título de Bachiller.
c) Título de Técnico.
d) Título universitario de Grado.

4. Indica una de las notas características de los funcionarios de carrera:

a) Desempeño de servicios de carácter permanente.
b) Nombramiento legal, hecho por Autoridad competente.

c) Los puestos de trabajo que desempeñan han de figurar en la Plantilla orgánica y en el Registro de Personal.

d) Todas las respuestas son correctas.

5. ¿Cómo se denomina al personal que, en virtud de nombramiento y con carácter no permanente, solo realiza funciones expresamente calificadas como de confianza o asesoramiento especial, siendo retribuido con cargo a los créditos presupuestarios consignados para este fin?

a) Personal Laboral.
b) Personal Eventual.
c) Funcionarios interinos.
d) Funcionarios de carrera.

6. Señala la respuesta incorrecta respecto al personal eventual:

a) Su nombramiento y cese serán libres.
b) La condición de personal eventual podrá constituir mérito para el acceso a la Función Pública.
c) Su cese tendrá lugar, en todo caso, cuando se produzca el de la autoridad a la que se preste la función de confianza o asesoramiento.
d) Le será aplicable, en lo que sea adecuado a la naturaleza de su condición, el régimen general de los funcionarios de carrera.

7. La selección de todo el personal, sea funcionario o laboral, debe realizarse de acuerdo con la Oferta de Empleo Público, mediante convocatoria pública y a través del sistema de Concurso, Oposición o Concurso-Oposición libres en los que garanticen, en todo caso, los principios constitucionales de:

a) Capacidad, mérito, objetividad y legalidad.
b) Publicidad, eficacia, eficiencia, mérito y capacidad.
c) Igualdad, mérito y capacidad, así como el de publicidad.
d) Legalidad, publicidad, transparencia, mérito y capacidad.

8. Para poder participar en los concursos de provisión de puestos de trabajo o ser nombrados con carácter provisional en otro puesto de trabajo, salvo en el ámbito de una misma Entidad Local, los funcionarios deberán permanecer en cada puesto de trabajo, obtenido por concurso, un mínimo de:

a) Cinco años.
b) Tres años.
c) Dos años.
d) Un año.

9. Los titulares de la Secretaría-Intervención ejercerán sus funciones en las Secretarías de clase tercera, es decir, de Ayuntamientos de Municipios:

a) Con población inferior a 5.001 habitantes y cuyo Presupuesto no exceda de 3.010.060 euros.
b) Con población inferior a 3.001 habitantes y cuyo Presupuesto no exceda de 2.999.000 euros.
c) Con población inferior a 2.501 habitantes y cuyo Presupuesto no exceda de 1.500.060 euros.
d) Con población inferior a 1.00 habitantes y cuyo Presupuesto no exceda de 1.010.060 euros.

10. ¿A qué Subescala pertenecen los funcionarios que realicen tareas administrativas, normalmente de trámite y colaboración?

a) A la Subescala Técnica de Administración General.
b) A la Subescala de Gestión de Administración General.
c) A la Subescala Administrativa de Administración General.
d) A la Subescala Auxiliar de Administración General.

11. ¿A qué Subescala pertenecen los funcionarios que realicen tareas de mecanografía y taquigrafía?

a) A la Subescala Técnica de Administración General.
b) A la Subescala de Gestión de Administración General.
c) A la Subescala Administrativa de Administración General.
d) A la Subescala Auxiliar de Administración General.

12. A tenor del art. 169.2 TR/86, ¿qué titulación se precisa para ingresar en la Subescala Administrativa?

a) Licenciado en Derecho, en Ciencias Políticas, Económicas o Empresariales, Intendente Mercantil o Actuario.
b) Bachiller, Formación Profesional de Segundo Grado, o equivalente.
c) Graduado Escolar, Formación Profesional de Primer Grado o equivalente.
d) Certificado de Escolaridad.

13. Salvo que el Ministerio de Política Territorial autorice su creación en los de censo inferior, la Policía Local solo existirá en los Municipios con población superior a:

a) 1.500 habitantes.
b) 3.000 habitantes.
c) 4.000 habitantes.
d) 5.000 habitantes.

14. Los empleos de Inspector y Subinspector de Policía Local solo podrán crearse en los Municipios de más de:

a) 25.000 habitantes.
b) 50.000 habitantes.
c) 75.000 habitantes.
d) 100.000 habitantes.

15. Los miembros de los Cuerpos de Policía Local, en el ejercicio de sus funciones, tendrán a todos los efectos legales el carácter de:

a) Agentes de la Autoridad.
b) Autoridad.
c) Delegados de la Autoridad.
d) Auxiliares de la Autoridad.

16. Señala la respuesta incorrecta respecto al régimen jurídico del personal laboral:

a) La Jurisdicción competente en esta materia es la Contencioso-Administrativa.
b) Dentro de este personal, por razón de la fijeza de su vinculación a la Entidad de que se trate, se distingue entre los contratados indefinidamente y los contratados temporalmente.
c) La selección de este personal se hará por concurso, concurso-oposición u oposición libre.
d) La contratación de este personal corresponde al Alcalde o al Presidente de la Diputación Provincial, a quien compete, también, la asignación del mismo a los distintos puestos de trabajo de carácter laboral previstos en las Relaciones de Puestos de Trabajo aprobadas por la Corporación, de acuerdo con la legislación laboral.

17. Los Ayuntamientos de Municipios con población superior a 50.000 y no superior a 75.000 habitantes podrán incluir en sus plantillas puestos de trabajo de personal eventual por un número que no podrá exceder de:

a) Uno.
b) Dos.
c) Siete.
d) La mitad de concejales de la Corporación local.

18. ¿Con qué frecuencia publicarán las Corporaciones locales en su sede electrónica y en el Boletín Oficial de la Provincia o, en su caso, de la Comunidad Autónoma uniprovincial el número de los puestos de trabajo reservados a personal eventual?

a) Cada cinco años.
b) Cada dos años.
c) Anualmente.
d) Semestralmente.

19. ¿Qué norma aprobó el Estatuto Básico del Empleado Público?

a) El Real Decreto 33/2005, de 1 de octubre.
b) La Ley 3/2007, de 9 de febrero.
c) La Ley 7/2007, de 12 de abril.
d) El Real Decreto Legislativo 5/2015, de 30 de octubre.

20. ¿Cómo se denomina al personal que en virtud de contrato de trabajo formalizado por escrito, en cualquiera de las modalidades de contratación de personal previstas en la legislación laboral, presta servicios retribuidos por las Administraciones Públicas?

a) Interino.
b) De carrera.
c) Eventual.
d) Laboral.

21. No se rigen por el Derecho Administrativo el/los:

a) Funcionarios.
b) Personal Laboral.
c) Personal Eventual.
d) Interinos.

22. Los puestos de confianza o asesoramiento especial se suelen reservar al/a los:

a) Políticos.
b) Personal Eventual.
c) Personal Laboral.
d) Funcionarios.

23. Los interinos ocupan provisionalmente puestos que pueden ser desempeñados por:

a) Contratados temporales.
b) Personal eventual.
c) Funcionarios.
d) Personal Laboral.

24. La titulación exigible para ser funcionario del grupo B según el Real Decreto Legislativo 5/2015, de 30 de octubre, por el que se aprueba el texto refundido de la Ley del Estatuto Básico del Empleado Público, es:

a) Título de Bachiller o Técnico..
b) Título de Graduado en Educación Secundaria Obligatoria
c) Título de Técnico Superior.
d) Título de ESO.

25. Junto a los principios de igualdad, mérito y capacidad, en la selección de los funcionarios, se debe seguir el de:

a) Imparcialidad.
b) Publicidad.
c) Profesionalidad.
d) Concurrencia.

26. La Oferta de Empleo de un Municipio de gran población debe aprobarla el/la:

a) Pleno.
b) Junta de Personal.
c) Presidente.
d) Junta de Gobierno Local.

27. El sistema normal de selección de los laborales es el/la:

a) Oposición libre.
b) Concurso.
c) Concurso-oposición.
d) Todas las respuestas anteriores son correctas.

28. La titulación exigible para ser funcionario del grupo C1, según el Real Decreto Legislativo 5/2015, de 30 de octubre, por el que se aprueba el texto refundido de la Ley del Estatuto Básico del Empleado Público, es:

a) Título de Bachiller o Técnico.
b) Título de Graduado en Educación Secundaria Obligatoria
c) Título de Técnico Superior.
d) Título de ESO.

29. Siguiendo las nuevas titulaciones, se exigirá título de Graduado en Educación Secundaria Obligatoria para pertenecer al Subgrupo:

a) A1.
b) B2.
c) C1.
d) C2.

30. El Texto Refundido de la Ley del Estatuto Básico del Empleado Público se aprobó por:

a) Real Decreto Legislativo 12/2007, de 13 de marzo.
b) Real Decreto Legislativo 5/2012, de 13 de mayo.
c) Real Decreto Legislativo 5/2015, de 30 de octubre.
d) Real Decreto Legislativo 3/2015, de 14 de abril.

31. Los Concursos de Méritos para proveer puestos de trabajo los resuelve, en un Municipio de régimen común, el/la:

a) Pleno.
b) Junta de Gobierno Local.
c) Presidente de la Corporación.
d) Junta de Personal.

32. Los sistemas de provisión de puestos de funcionarios son:

a) La oposición.
b) El concurso de méritos.
c) La libre designación.
d) Las respuestas b) y c) son ciertas.

33. La constitución del Registro de Personal:

a) Se efectúa a nivel estatal.
b) Es facultativa para las Corporaciones Locales.
c) Es obligatoria para las Corporaciones Locales.
d) Se supedita a la voluntad de la correspondiente Comunidad Autónoma.

34. ¿Cuál es la norma vigente por la que se regula el régimen jurídico de los funcionarios de Administración Local con habilitación de carácter nacional?

a) La Ley 5/2008, de 29 de octubre.
b) El Real Decreto 1174/1987, de 18 de septiembre.
c) El Real Decreto 128/2018, de 16 de marzo.
d) La Ley 34/2016, de 3 de abril.

35. ¿En qué clase se encuadrarían las Secretarías de Ayuntamientos de municipios cuyas poblaciones están comprendidas entre 5.001 y 20.000 habitantes?

a) Clase primera.
b) Clase segunda.
c) Clase tercera.
d) Clase cuarta.

36. Como regla general, en las Entidades Locales cuya Secretaría esté clasificada en clase tercera, las funciones propias de la Intervención:

a) No se llevarán a cabo dichas funciones, que las desempeñará el Interventor de la Diputación Provincial respectivo.
b) Existirán dos puestos de trabajo denominados Intervención Municipal.

c) Existirá un puesto de trabajo denominado Intervención.

d) Formarán parte del contenido del puesto de trabajo de Secretaría.

37. No puede ser Técnico de Administración General un Licenciado en:

a) Sociología.

b) Ciencias Políticas.

c) Derecho.

d) Ciencias Empresariales.

38. La reserva del 50 % de plazas para promoción interna es:

a) Obligatoria.

b) Facultativa.

c) Anormal.

d) Ilegal.

39. La antigüedad para entrar en el cupo de promoción interna es, como regla general, de:

a) Cinco años.

b) Tres años.

c) Dos años.

d) Depende de la plaza.

40. Pertenece a la Subescala de Servicios Especiales un:

a) Ingeniero Industrial al servicio de una Corporación Local.

b) Técnico de Administración General.

c) Suboficial del Servicio de Extinción de Incendios.

d) Contratado laboralmente.

41. Dentro del Personal de Oficios el escalón inferior lo ocupan los:

a) Ayudantes.

b) Peones.

c) Operarios.

d) Oficiales.

42. El número de Personal Eventual que haya de existir en un Municipio de régimen común se fija por el/la:

a) Pleno.

b) Alcalde o Presidente.

c) Comunidad Autónoma respectiva.

d) Junta de Gobierno Local.

43. Respecto del Personal Eventual, ha de publicarse en el Boletín Oficial de la Provincia:

a) Las sanciones que se le impongan.

b) El nombramiento y cese.

c) La concesión de menciones honoríficas.

d) Ninguna de las respuestas anteriores es correcta.

44. Tiene especial trascendencia en la regulación de las relaciones laborales del Personal Laboral el/la:

a) Texto Refundido de la Ley del Estatuto de los Trabajadores.

b) Legislación general de funcionarios.

c) Convenio Colectivo propio.

d) Las respuestas a) y c) son correctas.

45. Un Decreto de un Presidente de una Diputación Provincial despidiendo a un laboral al servicio de la misma:

a) Es nulo de pleno derecho al dictarse por órgano manifiestamente incompetente.

b) Basta para que se lleve a cabo dicho despido.

c) Debe ser ratificado por el Pleno de la Corporación.

d) Ha de confirmarse ante el correspondiente Juzgado de lo Social.

46. La no concurrencia con la actividad de la empresa, respecto de este Personal Laboral:

a) Es un derecho del mismo.

b) Significa que pueden trabajar en la esfera privada, haciendo la competencia a la propia Corporación.

c) Le impide desempeñar cualquier tipo de trabajo fuera de la Corporación.

d) Es un deber del mismo, por el cual no puede hacerle la competencia a la Corporación.

47. ¿De cuánto tiempo disfrutarán los empleados públicos por traslado de domicilio sin cambio de residencia?

a) De dos días.

b) De un día.

c) De dos horas.

d) De un máximo de seis horas.

48. Señala la respuesta incorrecta respecto de los derechos de los funcionarios públicos:

a) Por razones de guarda legal, cuando el funcionario tenga el cuidado directo de algún menor de doce años, de persona mayor que requiera especial dedicación, o de una persona con discapacidad que no desempeñe actividad retribuida, tendrá derecho a la reducción de su jornada de trabajo, sin disminución de sus retribuciones.

b) Por lactancia de un hijo menor de doce meses, la funcionaria tendrá derecho a una hora de ausencia del trabajo que podrá dividir en dos fracciones.

c) Por nacimiento de hijos prematuros o que por cualquier otra causa deban permanecer hospitalizados a continuación del parto, la funcionaria o el funcionario tendrá derecho a ausentarse del trabajo durante un máximo de dos horas diarias percibiendo las retribuciones íntegras.

d) La funcionaria podrá solicitar la sustitución del tiempo de lactancia por un permiso retribuido que acumule en jornadas completas el tiempo correspondiente.

49. Por ser preciso atender el cuidado de un familiar de primer grado, el funcionario tendrá derecho a solicitar una reducción de:

a) Hasta el cincuenta por ciento de la jornada laboral, con carácter retribuido, por razones de enfermedad grave o muy grave y por el plazo máximo de tres meses.

b) Hasta el setenta por ciento de la jornada laboral, con carácter retribuido, por razones de enfermedad grave o muy grave y por el plazo máximo de un mes.

c) Hasta el cincuenta por ciento de la jornada laboral, con carácter retribuido, por razones de enfermedad muy grave y por el plazo máximo de un mes.

d) Hasta el setenta por ciento de la jornada laboral, con carácter retribuido, por razones de enfermedad muy grave y por el plazo máximo de un mes.

50. No tendrán dedicación exclusiva los miembros de Corporaciones locales de población inferior a:

a) 15.000 habitantes.
b) 10.000 habitantes.
c) 2.500 habitantes.
d) 1.000 habitantes.

51. ¿Qué retribución complementaria está destinada a retribuir las condiciones particulares de algunos puestos de trabajo en atención a su especial dificultad técnica, dedicación, incompatibilidad, responsabilidad, peligrosidad o penosidad?

a) El complemento especial.
b) El complemento específico.
c) El complemento de productividad.
d) El complemento extraordinario.

52. ¿A quién corresponde la asignación individual del complemento de productividad en las Corporaciones Locales?

a) Al Alcalde o Presidente.
b) Al Secretario.
c) Al Interventor.
d) Al Pleno.

53. ¿Qué duración tiene el permiso por adopción, por guarda con fines de adopción, o acogimiento, tanto temporal como permanente?

a) Diecisiete semanas.
b) Dieciséis semanas.
c) Quince semanas.
d) Catorce semanas.

54. Los funcionarios que ejerciten el derecho de huelga, por el tiempo en que hayan permanecido en la misma, devengarán y percibirán:

a) Solo las retribuciones básicas prorrateadas.
b) Las retribuciones básicas y los trienios.
c) Todas las retribuciones que le corresponderían si no hubieran ejercido ese derecho.
d) No devengarán ni percibirán retribución alguna.

55. Indica cuál de los siguientes es uno de los derechos de carácter individual de los empleados públicos:

a) A percibir las retribuciones y las indemnizaciones por razón del servicio.
b) Al desempeño efectivo de las funciones o tareas propias de su condición profesional y de acuerdo con la progresión alcanzada en su carrera profesional.
c) A la formación continua y a la actualización permanente de sus conocimientos y capacidades profesionales, preferentemente en horario laboral.
d) Todas las respuestas son correctas.

56. El permiso de paternidad en 2023 por el nacimiento, guarda con fines de adopción, acogimiento o adopción de un hijo tuvo una duración, a disfrutar por el padre o el otro progenitor a partir de la fecha del nacimiento, de la decisión administrativa de guarda con fines de adopción o acogimiento, o de la resolución judicial por la que se constituya la adopción, de:

a) Nueve semanas.
b) Dieciséis semanas.
c) Doce semanas.
d) Quince semanas.

57. ¿Qué complemento está destinado a retribuir el especial rendimiento, la actividad y dedicación extraordinarias y el interés o iniciativa con que se desempeñen los puestos de trabajo?

a) El complemento de productividad.
b) El complemento específico.
c) El complemento singular.
d) El complemento de dedicación especial.

58. Los funcionarios públicos tendrán derecho a disfrutar, durante cada año natural, de unas vacaciones retribuidas de:

a) Veinte días hábiles, o de los días que correspondan proporcionalmente si el tiempo de servicio durante el año fue menor.
b) Veintidós días hábiles, o de los días que correspondan proporcionalmente si el tiempo de servicio durante el año fue menor.
c) Veintiséis días hábiles, o de los días que correspondan proporcionalmente si el tiempo de servicio durante el año fue menor.
d) Treinta días hábiles, o de los días que correspondan proporcionalmente si el tiempo de servicio durante el año fue menor.

59. ¿Cuántos días hábiles de permiso se concederán en el caso de accidente o enfermedad graves, hospitalización o intervención quirúrgica sin hospitalización que precise de reposo domiciliario del cónyuge, pareja de hecho o parientes hasta el primer grado por consanguinidad o afinidad, así como de cualquier otra persona distinta de las anteriores que conviva con el funcionario o funcionaria en el mismo domicilio y que requiera el cuidado efectivo de aquella?

a) Tres días.
b) Cuatro días.
c) Cinco días.
d) Seis días.

60. ¿De cuántos días al año, con carácter general, podrá disponer el funcionario de permiso para asuntos personales sin justificación?

a) De hasta 6 días al año.
b) De hasta 7 días al año.
c) De hasta 8 días al año.
d) De hasta 9 días al año.

61. Como máximo y con carácter general, si se mantiene la necesidad de cuidado directo, continuo y permanente, el permiso por cuidado y con carácter general de hijo menor afectado por cáncer u otra enfermedad grave, se extenderá hasta que cumpla:

a) 12 años.
b) 18 años.

c) 16 años.
d) 23 años.

62. Por razón de matrimonio o constitución formalizada por documento público de pareja de hecho, los funcionarios tendrán derecho a una licencia de:

a) Diez días.
b) Un mes.
c) Quince días.
d) Veinte días.

63. Por nacimiento de hijos prematuros o que por cualquier otra causa deban permanecer hospitalizados a continuación del parto, la funcionaria o el funcionario tendrá derecho a ausentarse del trabajo durante:

a) Un máximo de una hora diaria percibiendo las retribuciones íntegras.
b) Un máximo de 2 horas diarias percibiendo las retribuciones íntegras.
c) Un máximo de 2,5 horas diarias percibiendo las retribuciones íntegras.
d) Un máximo de 3 horas diarias percibiendo las retribuciones íntegras.

64. El juramento o promesa a realizar por los funcionarios se efectúa:

a) Tras la toma de posesión.
b) Antes de ella.
c) En el mismo momento de la toma de posesión.
d) Ante órganos jurisdiccionales.

65. En el juramento o promesa que deben hacer los funcionarios se señala que se ha de cumplir las obligaciones del cargo con lealtad al/a la/a los:

a) Constitución.
b) Corporación.
c) Superiores.
d) Rey.

66. Las cantidades destinadas a financiar aportaciones a planes de pensiones o contratos de seguros tendrán a todos los efectos la consideración de:

a) Retribución básica.
b) Retribución complementaria.
c) Indemnizaciones.
d) Retribución diferida.

67. Por muerte de un tío carnal, teniendo en cuenta que es familiar dentro del tercer grado, se tiene derecho al siguiente permiso:

a) Dos días si es en la misma localidad.
b) Cuatro días si es en distinta localidad.
c) Ningún día.
d) Las respuestas a) y b) son correctas.

68. La disminución de la jornada por cuidado directo de un menor de seis años:

a) Puede equivaler a un tercio o un medio.
b) No implica reducción de retribuciones.
c) Comporta exclusivamente la reducción de las retribuciones complementarias.
d) Nada de lo anterior es cierto.

69. La observancia de las normas sobre seguridad y salud laboral:

a) Es un principio ético de los empleados públicos.
b) Se ajustará a lo que indiquen los representantes de los trabajadores.
c) Se establece solo para los puestos de trabajo cuyo desempeño suponga riesgos inequívocos.
d) Es obligatoria para todos los empleados públicos.

70. Cuando un funcionario haya sido declarado en la situación de suspensión, dicha situación determinará la pérdida del puesto de trabajo cuando la suspensión exceda de:

a) Seis meses.
b) Tres meses.
c) Cinco meses.
d) Dos meses.

71. Para el cumplimiento de un deber inexcusable de carácter público o personal, se tiene derecho a un permiso:

a) De tres días.
b) Por tiempo indispensable.
c) De cinco días.
d) De dos días.

72. En una Corporación de cincuenta y nueve funcionarios existirán representándolos:

a) Un Delegado de Personal.
b) Dos Delegados de Personal.

c) Un Comité de Empresa.
d) Una Junta de Personal.

73. El personal funcionario que no tenga dedicación exclusiva o especial dedicación ha de cumplir una jornada laboral semanal de:

a) Treinta y cinco horas.
b) Treinta y siete horas y media.
c) Cuarenta horas.
d) Veinticuatro horas.

74. A quienes se encuentren en situación de excedencia por interés particular:

a) Les será computable el tiempo que permanezcan en tal situación a efectos de ascensos.
b) Les será computable el tiempo que permanezcan en tal situación a efectos de trienios y derechos en el régimen de Seguridad Social que les sea de aplicación.
c) No devengarán retribuciones.
d) Todas las respuestas son correctas.

75. El funcionario que sea elegido miembro del Parlamento Europeo quedará en situación de:

a) Servicio activo.
b) Excedencia forzosa.
c) Servicios especiales.
d) Suspensión.

76. El funcionario que desempeñe responsabilidades de miembro de un órgano local para el conocimiento y la resolución de las reclamaciones económico-administrativas está en situación de:

a) Servicio activo.
b) Excedencia.
c) Suspensión.
d) Servicios especiales.

77. El mínimo de servicios prestados inmediatos a la petición que se requiere para solicitar una excedencia voluntaria por interés particular es de:

a) Un año.
b) Dos años.
c) Tres años.
d) Cinco años.

78. En caso de excedencia por cuidado de hijos se tiene derecho a reserva del puesto de trabajo desempeñado, al menos, durante:

a) El tiempo que dure la excedencia.
b) Ningún momento.
c) Los dos primeros años.
d) Los tres primeros años.

79. Un funcionario que sea adscrito al servicio del Defensor del Pueblo quedará en su lugar de procedencia en la situación de:

a) Servicio activo.
b) Servicios especiales.
c) Servicio en Comunidad Autónoma.
d) Excedencia especial.

80. El funcionario que, por un procedimiento de provisión de puestos, obtenga destino en una Administración Pública distinta es declarado:

a) Excedente forzoso.
b) En situación de servicio en otras Administraciones Públicas.
c) Excedente voluntario.
d) En servicios especiales.

Solución al test n.º 4

1. c) Capacidad y mérito.

2. c) El Ministro de Hacienda y Función Pública.

3. a) Título de Técnico Superior.

4. d) Todas las respuestas son correctas.

5. b) Personal Eventual.

6. b) La condición de personal eventual podrá constituir mérito para el acceso a la Función Pública.

7. c) Igualdad, mérito y capacidad, así como el de publicidad.

8. c) Dos años.

9. a) Con población inferior a 5.001 habitantes y cuyo Presupuesto no exceda de 3.010.060 euros.

10. c) A la Subescala Administrativa de Administración General.

11. d) A la Subescala Auxiliar de Administración General.

12. b) Bachiller, Formación Profesional de Segundo Grado, o equivalente.

13. d) 5.000 habitantes.

14. d) 100.000 habitantes.

15. a) Agentes de la Autoridad.

16. a) La Jurisdicción competente en esta materia es la Contencioso-Administrativa.

17. d) La mitad de concejales de la Corporación local.

18. d) Semestralmente.

19. d) El Real Decreto Legislativo 5/2015, de 30 de octubre.

20. d) Laboral.

21. b) Personal Laboral.

22. b) Personal Eventual.

23. c) Funcionarios.

24. c) Título de Técnico Superior.

25. b) Publicidad.

26. d) Junta de Gobierno Local.

27. d) Todas las respuestas anteriores son correctas.

28. a) Título de Bachiller o Técnico.

29. d) C2.

30. c) Real Decreto Legislativo 5/2015, de 30 de octubre.

31. c) Presidente de la Corporación.

32. d) Las respuestas b) y c) son ciertas.

33. c) Es obligatoria para las Corporaciones Locales.

34. c) El Real Decreto 128/2018, de 16 de marzo.

35. b) Clase segunda.

36. d) Formarán parte del contenido del puesto de trabajo de Secretaría.

37. a) Sociología.

38. b) Facultativa.

39. c) Dos años.

40. c) Suboficial del Servicio de Extinción de Incendios.

41. c) Operarios.

42. a) Pleno.

43. d) Ninguna de las respuestas anteriores es correcta.

44. d) Las respuestas a) y c) son correctas.

45. b) Basta para que se lleve a cabo dicho despido.

46. d) Es un deber del mismo, por el cual no puede hacerle la competencia a la Corporación.

47. b) De un día.

48. a) Por razones de guarda legal, cuando el funcionario tenga el cuidado directo de algún menor de doce años, de persona mayor que requiera especial dedicación, o de una persona con discapacidad que no desempeñe actividad retribuida, tendrá derecho a la reducción de su jornada de trabajo, sin disminución de sus retribuciones.

49. c) Hasta el cincuenta por ciento de la jornada laboral, con carácter retribuido, por razones de enfermedad muy grave y por el plazo máximo de un mes.

50. d) 1.000 habitantes.

51. b) El complemento específico.

52. a) Al Alcalde o Presidente.

53. b) Dieciséis semanas.

54. d) No devengarán ni percibirán retribución alguna.

55. d) Todas las respuestas son correctas.

56. b) Dieciséis semanas.

57. a) El complemento de productividad.

58. b) Veintidós días hábiles, o de los días que correspondan proporcionalmente si el tiempo de servicio durante el año fue menor.

59. c) Cinco días.

60. a) De hasta 6 días al año.

61. d) 23 años.

62. c) Quince días.

63. b) Un máximo de 2 horas diarias percibiendo las retribuciones íntegras.

64. c) En el mismo momento de la toma de posesión.

65. d) Rey.

66. d) Retribución diferida.

67. c) Ningún día.

68. d) Nada de lo anterior es cierto.

69. d) Es obligatoria para todos los empleados públicos.

70. a) Seis meses.

71. b) Por tiempo indispensable.

72. d) Una Junta de Personal.

73. b) Treinta y siete horas y media.

74. c) No devengarán retribuciones.

75. c) Servicios especiales.

76. d) Servicios especiales.

77. d) Cinco años.

78. c) Los dos primeros años.

79. b) Servicios especiales.

80. b) En situación de servicio en otras Administraciones Públicas.

Test Materias Específicas

TEST N.º 1

**Los órganos colegiados locales. Convocatoria, orden del día.
Requisitos de constitución. Funcionamiento.
Actas y certificados de acuerdos**

1. Atendiendo a su finalidad fundamental, puede definirse la sesión como:

a) Un acto más del procedimiento.
b) Una reunión de los miembros de la Corporación.
c) Un procedimiento que tiene por objeto la formación y declaración de voluntad del órgano colegiado.
d) Una conferencia expositiva.

2. Las sesiones pueden ser:

a) Ordinarias y extraordinarias.
b) Ordinarias y permanentes.
c) Permanentes y especiales.
d) Ordinarias, extraordinarias y extraordinarias urgentes.

3. La periodicidad de las sesiones extraordinarias es:

a) Como mínimo cada mes en los Ayuntamientos de municipios de más de 20.000 habitante.
b) Cada dos meses en los Ayuntamientos de los municipios de una población entre 5.001 habitantes y 20.000 habitantes.
c) Las sesiones extraordinarias no están sujetas a periodicidad.
d) Cada tres meses en los municipios de hasta 5.000 habitantes.

4. Si el Presidente no convocase el Pleno extraordinario solicitado por la cuarta parte, al menos, del número legal de miembros de la Corporación dentro del plazo de quince días hábiles desde que fuera solicitado:

a) Quedará automáticamente convocado para el décimo día hábil siguiente al de la finalización de dicho plazo, a las once horas.
b) Quedará automáticamente convocado para el undécimo día hábil siguiente al de la finalización de dicho plazo, a las doce horas.

c) Quedará automáticamente convocado para el décimo día hábil siguiente al de la finalización de dicho plazo, a las doce horas.

d) Ninguna respuesta es correcta.

5. La convocatoria de las sesiones dará lugar a la apertura del correspondiente expediente, en el que no deberá constar:

a) La constancia de las tasas que procedan.

b) La relación de expedientes conclusos.

c) La fijación del Orden del Día.

d) Minuta del Acta.

6. En el Orden del Día de las sesiones ordinarias se incluirá el punto de ruegos y preguntas:

a) De todos los asistentes.

b) Siempre.

c) De las asociaciones de vecinos.

d) En determinados casos.

7. ¿Es posible habilitarse otro edificio o local para la celebración de las sesiones?

a) En los casos de fuerza mayor.

b) En ningún caso.

c) Se celebrarán en la Casa Consistorial y si no es posible se suspenderá la sesión.

d) En todo caso, se celebrarán en Palacio Provincial o sede de la Corporación de que se trate.

8. Quien se considere aludido por una intervención podrá solicitar del Alcalde o Presidente:

a) La concesión de un turno por alusiones por tiempo de tres minutos.

b) Retirarse de la sesión.

c) Que se conceda un turno por alusiones, que será breve y conciso.

d) La concesión de un turno por alusiones por tiempo de cinco minutos.

9. ¿En qué consiste la moción?

a) Es la propuesta sometida a Pleno tras el estudio del expediente por la Comisión Informativa.

b) Es la propuesta que se somete a Pleno relativa a un asunto incluido en el Orden del Día sin haber pasado por la Comisión Informativa.

c) Es la propuesta que se somete directamente a conocimiento del Pleno, sobre un asunto no comprendido en el Orden del Día y que no tiene cabida en el punto de ruegos y preguntas.

d) Es la propuesta de modificación de un dictamen formulada por un miembro de la Comisión Informativa.

10. La votación podrá ser:

a) Por nombre y apellidos o por partido político.
b) Nominal, secreta y en voz alta.
c) Secreta y no secreta.
d) Nominal, secreta y ordinaria.

11. La votación secreta:

a) Podrá utilizarse para la aprobación de las Ordenanzas.
b) Solo podrá utilizarse para elección o destitución de personas.
c) Solo podrá utilizarse para la aprobación del Presupuesto.
d) Solo podrá utilizarse para el despido del personal laboral.

12. En los municipios de gran población no se exigirá el voto favorable de la mayoría absoluta del número legal de miembros del Pleno para:

a) La concertación de las operaciones de crédito.
b) Los acuerdos relativos a la participación en organizaciones supramunicipales.
c) La aprobación y modificación de los reglamentos de naturaleza orgánica.
d) Los acuerdos relativos a la delimitación y alteración del término municipal.

13. En los municipios de régimen común se exigirá el voto favorable de la mayoría absoluta del número legal de miembros del Pleno para:

a) La determinación de los recursos propios de carácter tributario.
b) La alteración del nombre y de la capitalidad del municipio.
c) Las dos anteriores son correctas.
d) la aprobación y modificación de los presupuestos.

14. La enajenación de bienes, cuando su cuantía exceda del 20 % de los recursos ordinarios de su presupuesto requerirá:

a) Mayoría simple.
b) Mayoría de dos tercios.
c) Mayoría absoluta.
d) Mayoría de un tercio.

15. Cuando las resoluciones administrativas se dicten por delegación:

a) Se deberá dictar una resolución posterior por la Autoridad delegante.
b) Se acompañará de copia del acuerdo de delegación.
c) Podrá ser revocada en cualquier momento.
d) Se hará constar expresamente esta circunstancia y se considerarán dictadas por la Autoridad que la haya conferido.

16. No se hará constar en el Acta levantada por el Secretario:

a) Día, mes y año.
b) Edad de los miembros asistentes.
c) Asuntos examinados.
d) Hora en que el Presidente levante la sesión.

17. Las certificaciones de todos los actos, resoluciones y acuerdos de los órganos de gobierno de la Entidad:

a) Se expedirán siempre por el Secretario.
b) Se expedirán siempre por el Concejal-Secretario.
c) Se expedirán siempre por el Presidente.
d) Se expedirán siempre por el Secretario, salvo precepto expreso que disponga otra cosa.

18. El Alcalde y el Presidente de la Diputación darán cuenta sucinta a la Corporación, de las resoluciones que hubieren adoptado desde la última sesión plenaria ordinaria:

a) En cada sesión ordinaria del Pleno.
b) En cada sesión de la Junta de Gobierno.
c) En cada sesión convocada al efecto.
d) En cualquier sesión del Pleno.

19. El responsable de que se remita a los representantes de la Administración General del Estado y de la Comunidad Autónoma un extracto de los actos y acuerdos de una Corporación es, de forma mediata, el:

a) Presidente.
b) El Interventor.
c) Notificador.
d) Jefe de cada Dependencia.

20. Las certificaciones de los asientos de los Libros del Registro General las autoriza:

a) El Presidente.
b) El Secretario.
c) No son posibles.
d) El Encargado del Registro.

21. La determinación de la periodicidad de las sesiones plenarias ordinarias se acuerda por el:

a) Propio Pleno en la sesión constitutiva.
b) Alcalde o Presidente.
c) Pleno, con un mínimo de una al mes.
d) Pleno en sesión extraordinaria.

22. Puede pedir la celebración de sesión extraordinaria y debe, por ello, convocarse:

a) Un tercio del número de hecho de miembros de la Corporación.
b) Un tercio del número legal de miembros de la misma.
c) Una cuarta parte de este último número.
d) La décima parte de los mismos.

23. La celebración de una sesión extraordinaria solicitada legalmente, en principio, no debe demorarse, desde que se solicitó, por más de:

a) Cuatro días hábiles.
b) Dos meses.
c) Quince días hábiles.
d) Cuando lo estime oportuno el Alcalde, sin límite de tiempo.

24. Las sesiones extraordinarias se convocarán como mínimo:

a) Dos días naturales antes.
b) Veinticuatro horas antes.
c) Dos días hábiles antes.
d) No se requiere plazo alguno.

25. Las sesiones extraordinarias urgentes deben convocarse con una antelación mínima de:

a) Cuatro días.
b) Dos días naturales.
c) Dos días hábiles.
d) Nada de lo anterior es cierto.

26. Debe motivarse la convocatoria de:

a) Todas las sesiones.
b) Las ordinarias.
c) Las extraordinarias.
d) Ninguna de ellas.

27. Las sesiones que deben comenzar con un pronunciamiento sobre su urgencia son:

a) Todas.
b) Las extraordinarias.
c) Las ordinarias.
d) Las extraordinarias urgentes.

28. El orden del día de las sesiones:

a) Se adjunta a la convocatoria.
b) Se incluye en esta.
c) Se entrega antes de comenzar la sesión, una vez constituida.
d) Ninguna de las respuestas anteriores es correcta.

29. Pueden solicitar que un asunto se estudie en una sesión de Pleno sin haber sido dictaminado por la Comisión Informativa respectiva:

a) Solo el Alcalde.
b) Las Comisiones Informativas.
c) Los Portavoces de los Grupos Políticos.
d) Cualquier Concejal.

30. Se requiere ratificación de la inclusión de un asunto en el Orden del Día:

a) En caso de que se lleve por urgencias.
b) Si no se ha dictaminado previamente por la Comisión pertinente.
c) En los dos casos anteriores.
d) En cualquier caso.

31. Los ruegos y preguntas se incluyen en las sesiones:

a) De todo tipo.
b) Ordinarias.
c) Extraordinarias.
d) Urgentes.

32. La declaración de urgencia de un asunto no incluido en el orden del día requiere:

a) Decreto del Presidente.
b) Que sea sesión extraordinaria.
c) Mayoría absoluta del número legal de miembros.
d) Informe del Secretario General.

33. Un acuerdo sobre un asunto urgente que no haya sido considerado tal es:

a) Irregular.
b) Válido.
c) Nulo.
d) Anulable.

34. Puede redactarse en catalán una convocatoria u orden del día:

a) En cualquier caso.
b) Cuando así lo acuerde la propia Corporación.

c) En cualquier sesión de una Corporación Local.
d) Cuando sea lengua oficial.

35. Para declarar secreto el debate de un asunto en un Pleno se requiere:

a) Decreto del Alcalde o Presidente.
b) Que así se fije en la convocatoria.
c) Que lo acuerde la mayoría de los miembros.
d) Que se acuerde por mayoría absoluta de estos.

36. Para celebrar una sesión fuera de la sede de la Corporación se requiere:

a) Resolución de la Presidencia.
b) Acuerdo del órgano de que se trate.
c) Caso fortuito.
d) Nada de lo anterior, pues puede hacerse en cualquier caso y momento.

37. Terminar una sesión el mismo día en que comienza es:

a) Obligatorio.
b) La regla general.
c) Lo anormal.
d) Preceptivo en las ordinarias.

38. Como regla general, el mínimo de quórum para constituir válidamente el Pleno es de:

a) Un tercio del número legal de miembros.
b) Asistencia del Presidente y el Secretario, exclusivamente.
c) Tres miembros.
d) Depende de la convocatoria en que se celebra.

39. Si no hay quórum en la constitución de una sesión del Pleno se:

a) Celebra media hora después.
b) Celebra con carácter deliberante.
c) Convoca a la misma hora dos días después.
d) Entiende automáticamente convocada, a la misma hora, dos días después.

40. Si una vez constituida la sesión, quedaran menos de tres miembros en la misma se:

a) Levanta la misma.
b) Adoptan acuerdos que no requieran mayoría cualificada.
c) Puede adoptar cualquier acuerdo.
d) Entiende convocada la sesión dos días después.

41. Deben comunicarse a la Alcaldía las ausencias del término municipal de un Concejal que excedan de:

a) Dos días.
b) Un día.
c) Ocho días.
d) No es necesario hacerlo.

42. El Alcalde de un Municipio con población de trescientos mil habitantes puede sancionar a los miembros que no asistan a las sesiones con:

a) Separación del cargo.
b) Reprobación oficial.
c) Multa.
d) Suspensión provisional.

43. Un miembro no puede hacer uso de la palabra en una sesión:

a) Extraordinaria del Pleno o de la Junta de Gobierno Local.
b) Salvo por su Portavoz.
c) Cuando se vote.
d) Puede hacerlo en cualquier momento.

44. Las interrupciones en las sesiones del Pleno:

a) Solo se dan para que pueda informar un particular sobre un asunto concreto.
b) Están prohibidas.
c) Las señala discrecionalmente el Presidente de la sesión.
d) Se realizan siempre antes de votar, para deliberar.

45. La propuesta de modificación de un dictamen formulada por un miembro de la Comisión Informativa se denomina:

a) Moción.
b) Enmienda.
c) Voto particular.
d) Proposición.

46. A cualquier cuestión planteada a los órganos de gobierno en el seno del Pleno se le llama:

a) Voto particular.
b) Pregunta.
c) Ruego.
d) Moción.

47. En las Asambleas Vecinales de una Entidad de ámbito territorial inferior al municipal, los acuerdos se adoptan por:

a) El Alcalde Pedáneo.
b) Mayoría simple.
c) Mayoría absoluta.
d) Unanimidad.

48. Las sesiones extraordinarias de la Junta de Gobierno Local se celebran como mínimo cada:

a) Mes.
b) Quince días.
c) Dos meses.
d) No tienen un mínimo preestablecido.

49. El día y hora de celebración de las sesiones ordinarias de la Junta de Gobierno Local los fija el/la:

a) Reglamento Orgánico.
b) Pleno.
c) Presidente.
d) Ley.

50. Entre la convocatoria y la celebración de la sesión ordinaria de esta Junta de Gobierno Local deben transcurrir:

a) No menos de veinticuatro horas.
b) Setenta y dos horas.
c) Dos días hábiles.
d) Dos días naturales.

51. Las sesiones de la Junta de Gobierno Local son:

a) Públicas.
b) No públicas siempre.
c) A puerta cerrada, salvo votación por mayoría absoluta.
d) Solo deliberantes.

52. Si no hay quórum en primera convocatoria se celebra la reunión de la Junta de Gobierno Local:

a) Una hora después.
b) A los dos días.
c) A la media hora.
d) El día siguiente.

53. Las conclusiones de la Junta de Gobierno Local en reuniones deliberantes se denominan:

a) Dictámenes.
b) Acuerdos.
c) Resoluciones.
d) Instrucciones.

54. Cuando asiste al Presidente, la Junta de Gobierno Local:

a) Adopta acuerdos.
b) Emana dictámenes.
c) Realiza votaciones formales.
d) Expide Decretos.

55. Para votar nominalmente debe acordarse por el/los:

a) Grupos Políticos.
b) Pleno.
c) Alcalde o Presidente.
d) Pleno en votación secreta.

56. La forma de votación prevista con carácter exclusivo para elección de personas es la:

a) Ordinaria.
b) Nominal.
c) A mano alzada.
d) Secreta.

57. La votación por papeletas es la:

a) Forma prohibida.
b) Nominal.
c) Secreta.
d) Ordinaria.

58. Puede delegarse el voto en:

a) Un Concejal del mismo Grupo Político.
b) El Portavoz del Grupo Político.
c) El Presidente.
d) Nadie.

59. Si persiste un empate en una segunda votación se:

a) Celebra una nueva sesión.
b) Lo dirime el Presidente o Alcalde.
c) Levanta la sesión.
d) Efectúa un sorteo.

60. Se requiere quórum de mayoría absoluta del número legal de miembros del Ayuntamiento de un Municipio de régimen común para aprobar:

a) Una delegación de competencias en la Junta de Gobierno Local.
b) La alteración de la calificación jurídica de los bienes comunales.
c) Una Ordenanza de Mercados.
d) Para todos ellos.

61. Si el Ayuntamiento de un Municipio de régimen común pretende vender un bien patrimonial que no supera el 10 % de los recursos ordinarios de Presupuesto, se requiere:

a) Mayoría simple.
b) Mayoría absoluta.
c) Dos tercios del número legal de miembros.
d) Dos tercios del número de hecho de estos.

62. La municipalización de una actividad en monopolio requiere quórum cualificado de:

a) Ningún tipo.
b) Mayoría absoluta del número legal de miembros.
c) Mayoría absoluta del número de hecho de estos.
d) Dos terceras partes del número de hecho y, en todo caso, mayoría absoluta del número legal de miembros.

63. En las Comisiones Informativas, ¿quién decide en caso de empate en las votaciones?

a) El Pleno.
b) El miembro más antiguo, con voto de calidad.
c) El miembro de mayor edad, con voto especial.
d) El Presidente con voto de calidad.

64. Los traslados de una resolución del Alcalde se efectúan por el:

a) Propio Alcalde.
b) Encargado del Registro.
c) Responsable de la Secretaría General.
d) Jefe de la Dependencia.

65. El Alcalde ha de dar cuenta sucinta de las resoluciones que adopte:

a) Al Pleno, en la sesión ordinaria posterior a su adopción.
b) A la Junta de Gobierno Local en la siguiente sesión que celebre.
c) A los Portavoces de los Grupos Políticos representados en la Corporación.
d) En ningún caso, al provenir de un órgano unipersonal.

66. Con carácter general, la Junta de Gobierno Local, existe en todos los Municipios con población superior a:

a) 500 habitantes.
b) 1.000 habitantes.
c) 3.000 habitantes.
d) 5.000 habitantes.

67. La propuesta que se somete directamente a conocimiento del Pleno, sobre un asunto no comprendido en el Orden del Día y que no tiene cabida en el punto de ruegos y preguntas, se denomina:

a) Proposición.
b) Moción.
c) Enmienda.
d) Ruego.

68. ¿Cuál es el sistema normal de votación en las Corporaciones Locales?

a) El nominal.
b) El secreto.
c) El ordinario.
d) El público.

69. Las Comisiones Informativas, estarán obligados a convocar sesión extraordinaria cuando lo solicite al menos:

a) La cuarta parte de sus miembros.
b) La quinta parte de sus miembros.
c) El Presidente.
d) Un miembro.

70. El funcionamiento de las Juntas de Distrito se rige por las normas que acuerde:

a) La Junta de Gobierno Local.
b) El Alcalde.
c) El Pleno.
d) El Presidente de la Junta de Distrito.

71. Los acuerdos emanados de los Presidentes de las Entidades Locales, denominados Resoluciones, adoptan la forma de:

a) Dictámenes del Presidente.
b) Reales Decreto de la Presidencia.
c) Acuerdos de la Presidencia.
d) Decreto de la Presidencia.

72. Como regla general, los actos de las Entidades Locales son:

a) Inmediatamente ejecutivos.
b) Ejecutivos cuando así lo disponga la norma.
c) Nunca son ejecutivos.
d) Ejecutivos a los veinte días de su firmeza.

Solución al test n.º 1

1. c) Un procedimiento que tiene por objeto la formación y declaración de voluntad del órgano colegiado.

2. d) Ordinarias, extraordinarias y extraordinarias urgentes.

3. c) Las sesiones extraordinarias no están sujetas a periodicidad.

4. c) Quedará automáticamente convocado para el décimo día hábil siguiente al de la finalización de dicho plazo, a las doce horas.

5. a) La constancia de las tasas que procedan.

6. b) Siempre.

7. a) En los casos de fuerza mayor.

8. c) Que se conceda un turno por alusiones, que será breve y conciso.

9. c) Es la propuesta que se somete directamente a conocimiento del Pleno, sobre un asunto no comprendido en el Orden del Día y que no tiene cabida en el punto de ruegos y preguntas.

10. d) Nominal, secreta y ordinaria.

11. b) Solo podrá utilizarse para elección o destitución de personas.

12. a) La concertación de las operaciones de crédito.

13. b) La alteración del nombre y de la capitalidad del municipio.

14. c) Mayoría absoluta.

15. d) Se hará constar expresamente esta circunstancia y se considerarán dictadas por la Autoridad que la haya conferido.

16. b) Edad de los miembros asistentes.

17. d) Se expedirán siempre por el Secretario, salvo precepto expreso que disponga otra cosa.

18. a) En cada sesión ordinaria del Pleno.

19. a) Presidente.

20. b) El Secretario.

21. d) Pleno en sesión extraordinaria.

22. c) Una cuarta parte de este último número.

23. c) Quince días hábiles.

24. c) Dos días hábiles antes.

25. d) Nada de lo anterior es cierto.

26. c) Las extraordinarias.

27. d) Las extraordinarias urgentes.

28. a) Se adjunta a la convocatoria.

29. c) Los Portavoces de los Grupos Políticos.

30. b) Si no se ha dictaminado previamente por la Comisión pertinente.

31. b) Ordinarias.

32. c) Mayoría absoluta del número legal de miembros.

33. c) Nulo.

34. d) Cuando sea lengua oficial.

35. d) Que se acuerde por mayoría absoluta de estos.

36. a) Resolución de la Presidencia.

37. b) La regla general.

38. a) Un tercio del número legal de miembros.

39. d) Entiende automáticamente convocada, a la misma hora, dos días después.

40. a) Levanta la misma.

41. c) Ocho días.

42. c) Multa.

43. c) Cuando se vote.

44. c) Las señala discrecionalmente el Presidente de la sesión.

45. c) Voto particular.

46. b) Pregunta.

47. b) Mayoría simple.

48. d) No tienen un mínimo preestablecido.

49. c) Presidente.

50. a) No menos de veinticuatro horas.

51. b) No públicas siempre.

52. a) Una hora después.

53. a) Dictámenes.

54. b) Emana dictámenes.

55. b) Pleno.

56. d) Secreta.

57. c) Secreta.

58. d) Nadie.

59. b) Lo dirime el Presidente o Alcalde.

60. b) La alteración de la calificación jurídica de los bienes comunales.

61. a) Mayoría simple.

62. b) Mayoría absoluta del número legal de miembros.

63. d) El Presidente con voto de calidad.

64. c) Responsable de la Secretaría General.

65. a) Al Pleno, en la sesión ordinaria posterior a su adopción.

66. d) 5.000 habitantes.

67. b) Moción.

68. c) El ordinario.

69. a) La cuarta parte de sus miembros.

70. c) El Pleno.

71. d) Decreto de la Presidencia.

72. a) Inmediatamente ejecutivos.

TEST N.º 2

Procedimiento Administrativo Común (I): El acto administrativo. Requisitos. La eficacia de los actos administrativos. Nulidad y anulabilidad. La revisión de los actos en vía administrativa. Los recursos administrativos

1. Señala la respuesta incorrecta respecto a la ejecución subsidiaria, a la que se refiere el art. 102 LPACAP:

a) Es posible la ejecución subsidiaria cuando se trate de actos que no sean personalísimos.

b) Las Administraciones Públicas realizarán el acto, por sí o a través de las personas que determinen, a su propia costa.

c) El importe de los gastos, daños y perjuicios se exigirá al obligado.

d) El importe anterior, podrá liquidarse de forma provisional y realizarse antes de la ejecución, a reserva de la liquidación definitiva.

2. Cuando el acto administrativo presenta un vicio que no le hace incurrir en nulidad absoluta ni en anulabilidad, se considera:

a) Irregular.
b) Defectuoso.
c) Inválido.
d) Viciado.

3. Cuando algo necesariamente forma parte de un acto administrativo, hablamos de contenido:

a) Natural.
b) Legal.
c) Eventual.
d) Implícito.

4. El recurso de alzada contra actos que no agotan la vía administrativa es:

a) Extraordinario.
b) La regla general.
c) Especial.
d) Inexistente.

5. La regla general cuando un acto infringe el ordenamiento jurídico es:

a) Su anulabilidad.
b) Su validez temporal.
c) Su nulidad relativa.
d) Las respuestas a) y c) son correctas.

6. Las resoluciones administrativas que vulneren lo establecido en una disposición reglamentaria son:

a) Nulas.
b) Válidas.
c) Anulables.
d) Temporalmente válidas.

7. Las cláusulas accesorias de un acto administrativo forman parte del contenido:

a) Natural del acto.
b) Implícito del mismo.
c) Legal del acto.
d) Eventual del acto.

8. La *reformatio in peius*, en materia de recursos:

a) Se admite como regla general.
b) Solo se permite en materia sancionadora.
c) Se admite cuando el recurso está claramente infundado.
d) Está expresamente prohibida.

9. Un acto complejo es aquel:

a) En el que intervienen, sucesivamente, en virtud de la tutela administrativa, dos órganos administrativos.
b) Que se adopta por un órgano colegiado.
c) En cuyo proceso de elaboración se ha evacuado el dictamen de un órgano consultivo.
d) En cuya emisión de voluntad han de intervenir, como mínimo, dos órganos administrativos.

10. Los efectos de una declaración de nulidad absoluta se producen desde:

a) Que se notifica el acto anulatorio.
b) El momento de la declaración de la nulidad.
c) La notificación o publicación del acto anulatorio, según los casos.
d) Que se dictó el acto anulado.

11. Cuando hayan de tenerse en cuenta nuevos hechos o documentos no recogidos en el expediente originario, se pondrán de manifiesto a los interesados para que formulen las alegaciones que estimen procedentes, en un plazo:

a) No inferior a diez días ni superior a quince.
b) De veinte días.
c) No inferior a cinco días ni superior a veinte.
d) De treinta días.

12. Según dispone el art. 41 LPACAP, las notificaciones se practicarán preferentemente:

a) Por la vía postal.
b) Telefónicamente.
c) Por medios electrónicos.
d) Por el medio más rápido y económico para la Administración.

13. Según provengan de un solo órgano administrativo o de dos o más órganos administrativos, los actos administrativos se clasifican en:

a) Actos únicos y actos múltiples.
b) Actos de trámite y actos complejos.
c) Actos simples y complejos.
d) Actos básicos y actos complejos.

14. La resolución de un recurso:

a) Debe circunscribirse a lo solicitado por el recurrente.
b) Resolverá cuantas cuestiones se deduzcan del expediente.
c) No es necesario que se motive.
d) Debe aceptar las razones en que se fundamente el propio recurso.

15. El procedimiento, que es la vía a través de la cual se elabora la declaración de voluntad, deseo, conocimiento o juicio de la Administración, en que consiste el acto, es un elemento del acto administrativo de tipo:

a) Objetivo.
b) Subjetivo.

c) Formal.
d) Accidental.

16. ¿Cuándo podrá la Administración Pública convalidar un acto administrativo?

a) Cuando el vicio consiste en incompetencia jerárquica.
b) Cuando el vicio consiste en incompetencia funcional.
c) Cuando el vicio consiste en incompetencia territorial.
d) En ninguno de los anteriores casos.

17. Serán motivados, con sucinta referencia de hechos y fundamentos de derecho:

a) Los actos que se separen del criterio seguido en actuaciones precedentes o del dictamen de órganos consultivos.
b) Los actos que limiten derechos subjetivos o intereses legítimos
c) Los actos que resuelvan procedimientos de revisión de oficio de disposiciones o actos administrativos, recursos administrativos y procedimientos de arbitraje y los que declaren su inadmisión.
d) Todas las respuestas son correctas.

18. El acto administrativo está sujeto al principio de legalidad:

a) Siempre.
b) Cuando se trate de actos reglados.
c) Según los casos.
d) No necesariamente.

19. Cuando la Administración Pública actúa como persona de Derecho Privado:

a) Solo puede ser controlada por los Tribunales contencioso-administrativos.
b) No dicta actos administrativos.
c) Su actividad es puramente discrecional.
d) Puede actuar sin límite alguno, como cualquier particular.

20. El interés público convierte a los actos administrativos en:

a) Susceptibles de impugnación directa.
b) Reglados, en parte.
c) Discrecionales.
d) Nada de lo anterior.

21. Un acto general debe:

a) Publicarse.
b) Notificarse a los interesados.

c) Tener un contenido normativo.
d) Elaborarse por un órgano colegiado.

22. El acto que da fin a un expediente administrativo es un/una:

a) Propuesta.
b) Acto definitivo.
c) Informe con propuesta de resolución.
d) Acto trámite.

23. Un ejemplo de acto de trámite es un/una:

a) Decisión con que concluye el procedimiento.
b) Renuncia.
c) Informe emitido en un procedimiento.
d) Ninguno de ellos lo es.

24. Las competencias administrativas hacen referencia a/al/a las:

a) Ente administrativo de que se trate.
b) Atribuciones que por ley se conceden a una Administración Pública.
c) Atribuciones que se otorgan a un órgano administrativo.
d) Nada de lo anterior.

25. El contenido de un acto administrativo ha de ser:

a) Ilícito y determinado.
b) Posible y lícito.
c) Determinado o determinable e ilícito.
d) Imposible y lícito.

26. Las cláusulas accesorias de un acto administrativo forman parte del contenido:

a) Natural del acto.
b) Implícito del mismo.
c) Legal del acto.
d) Eventual del acto.

27. Si el acto fuera expreso, el plazo para la interposición del recurso de reposición será de:

a) Tres meses.
b) Diez días.

c) Quince días.
d) Un mes.

28. Los actos deben motivarse:

a) Siempre.
b) Nunca.
c) Cuando decidan un procedimiento.
d) Cuando la ley lo prescriba.

29. No tienen por qué motivarse los actos que:

a) Resuelvan recursos.
b) Limiten derechos subjetivos.
c) Se separen del dictamen de órganos consultivos.
d) Todos los anteriores deben motivarse.

30. En la notificación de todo acto administrativo no es necesario que conste siempre:

a) Su texto íntegro.
b) Los recursos que contra el mismo procedan.
c) Los motivos en que se basa la decisión.
d) El plazo de interposición de los recursos.

31. ¿En qué supuestos la notificación se hará por medio de un anuncio publicado en el Boletín Oficial del Estado?

a) Cuando se ignore el lugar de la notificación.
b) Cuando los interesados en un procedimiento sean conocidos.
c) Cuando intentada la notificación, no se hubiera podido practicar.
d) Las respuestas a) y c) son correctas.

32. Para que un acto tenga eficacia retroactiva es necesario que:

a) Limite derechos de los particulares.
b) Restrinja el ejercicio de facultades de los particulares.
c) Imponga deberes u obligaciones.
d) No se lesionen derechos de otras personas.

33. La presunción de legitimidad de los actos administrativos:

a) No admite prueba en contrario.
b) Dependerá de lo que el propio acto establezca.
c) Puede ser objeto de impugnación por el particular.
d) Solo se da cuando la ley expresamente lo diga.

34. Cuando la notificación se practique en el domicilio del interesado, de no hallarse presente, podrá hacerse cargo de la misma cualquier persona que se encuentre en el domicilio, haga constar su identidad y sea:

a) Mayor de catorce años.
b) Mayor de dieciséis años.
c) Mayor de dieciocho años.
d) Mayor de veintiún años.

35. Cuando el Delegado Provincial de una Consejería de una Comunidad Autónoma de una Provincia concreta resuelve un recurso administrativo en materia propia de la Delegación Provincial de otra Consejería de distinta Provincia, incurre en una incompetencia:

a) Funcional y jerárquica.
b) Territorial y jerárquica.
c) Funcional y territorial.
d) Territorial exclusivamente.

36. La incompetencia a que se refiere la pregunta anterior es de carácter:

a) Absoluto y relativo.
b) Absoluto.
c) Relativo.
d) Jerárquico.

37. Cuando la notificación por medios electrónicos sea de carácter obligatorio, se entenderá rechazada cuando:

a) Hayan transcurrido veinte días naturales desde la puesta a disposición de la notificación sin que se acceda a su contenido.
b) Hayan transcurrido diez días naturales desde la puesta a disposición de la notificación sin que se acceda a su contenido.
c) Hayan transcurrido diez días hábiles desde la puesta a disposición de la notificación sin que se acceda a su contenido.
d) Hayan transcurrido veinte días hábiles desde la puesta a disposición de la notificación sin que se acceda a su contenido.

38. Señala la respuesta incorrecta. Los actos administrativos serán objeto de publicación:

a) Cuando así lo establezcan las normas reguladoras de cada procedimiento.
b) Cuando lo aconsejen razones de interés público apreciadas por el órgano competente.

c) Cuando el acto tenga por destinatario a una pluralidad indeterminada de personas.
d) Siempre.

39. La notificación de un acto administrativo:

a) Suspende su eficacia hasta que se efectúe tratándose de actos generales.
b) No impide su ejecutividad una vez efectuada.
c) Suspende su eficacia una vez realizada.
d) Ha de hacerse con todo tipo de actos.

40. Los supuestos de nulidad absoluta de actos administrativos:

a) Son la regla general en nuestro Derecho.
b) Son los recogidos en el artículo 47 de la Ley 39/2015, de 1 de octubre, del Procedimiento Administrativo Común de las Administraciones Públicas, exclusivamente.
c) Pueden establecerse expresamente por una disposición con rango de ley.
d) Son solo los del artículo 47 citado y de otras leyes formales.

41. Los defectos formales en un acto, según reconoce expresamente la ley:

a) Lo vician con nulidad absoluta.
b) Lo vician con anulabilidad en todo caso.
c) Pueden dar lugar a la nulidad absoluta si producen indefensión.
d) Pueden dar lugar a la anulabilidad si producen indefensión.

42. La Administración Pública podrá convalidar un acto:

a) Si el vicio consiste en incompetencia jerárquica.
b) Si el vicio consiste en incompetencia funcional.
c) Si el vicio consiste en incompetencia territorial.
d) En ninguno de los anteriores casos.

43. La Administración Pública no podrá convalidar un acto si el vicio consiste en:

a) Incompetencia jerárquica.
b) La falta de una autorización.
c) Incompetencia funcional.
d) La omisión de un informe facultativo.

44. El recurso de alzada contra actos que no agotan la vía administrativa es:

a) Extraordinario.
b) La regla general.

c) Especial.
d) Inexistente.

45. El recurso de reposición contra actos que no agotan la vía administrativa es:

a) Ordinario.
b) Extraordinario.
c) Especial.
d) Inexistente.

46. El recurso de alzada se presentará:

a) Ante el superior jerárquico del órgano que dictó el acto.
b) Ante el Tribunal contencioso competente.
c) Ante el órgano que dictó el acto.
d) Indistintamente, ante el órgano que dictó el acto o el superior jerárquico que deba decidirlo.

47. La resolución presunta del recurso de alzada se dará, si no recae resolución, al/a los:

a) Quince días de interponerlo.
b) Mes de su interposición.
c) Tres meses desu interposición.
d) En cualquier momento a partir del día siguiente a aquel en que, de acuerdo con su normativa específica, se produzcan los efectos del silencio administrativo.

48. El silencio administrativo en el recurso de alzada puede ser positivo en el siguiente caso:

a) Cuando el recurso se presentó contra un acto presunto desestimatorio de la solicitud del ciudadano.
b) Cuando perjudique al ciudadano.
c) Siempre que beneficie al interés público.
d) En ningún supuesto es positivo.

49. El recurso extraordinario de revisión se interpone contra:

a) Cualquier acto administrativo.
b) Actos que no agotan la vía administrativa.
c) Los actos que agotan la vía administrativa.
d) Los actos firmes exclusivamente.

50. La terminación presunta del recurso extraordinario de revisión se dará:

a) A los tres meses de su interposición.
b) Al mes de su interposición.
c) No cabe.
d) Solo en el supuesto de que se base en manifiesto error de derecho.

51. El recurso extraordinario de revisión por manifiesto error de hecho debe plantearse:

a) A los tres meses desde que se produjo.
b) A los cuatro años desde que se conoció.
c) Dentro de los cuatro años desde la notificación del acto.
d) No puede darse nunca aisladamente.

52. Señala la respuesta incorrecta. La eficacia del acto administrativo puede cesar definitivamente por:

a) El incumplimiento de la condición resolutoria a que pudiera estar sujeto.
b) El transcurso del plazo señalado en el acto, si estaba limitado en el tiempo.
c) La anulación o revocación del propio acto.
d) La desaparición de los presupuestos de hecho que motivaron que se dictase.

53. Se han reinstaurado las reclamaciones económico-administrativas, como recurso administrativo propio, en los/las:

a) Corporaciones Locales en general.
b) Municipios de régimen común.
c) Municipios de gran población.
d) Diputaciones Provinciales cuando gestionen los tributos de los Municipios de la Provincia.

54. Para plantear un recurso administrativo:

a) Hay que tener capacidad jurídica, sin requerirse la capacidad de obrar.
b) Basta con la capacidad de obrar.
c) Se requiere, siempre, ser titular de un derecho subjetivo afectado por el acto que se recurre.
d) Puede hacerlo quien ostente la condición de interesado.

55. Se puede sustituir en determinados supuestos por procedimientos de mediación y arbitraje el:

a) Recurso de alzada.
b) Recurso de revisión.

c) Recurso de reposición.

d) Las respuestas a) y c) son ciertas.

56. Cuando una persona interpone un recurso de alzada denominándolo como recurso de revisión:

a) Deberá desestimarse el recurso por improcedente.

b) Deberá notificársele el error para que lo subsane.

c) No se admitirá el recurso.

d) Deberá resolverse, si del propio recurso se deduce su carácter.

57. El procedimiento, que es la vía a través de la cual se elabora la declaración de voluntad, deseo, conocimiento o juicio de la Administración, en que consiste el acto, es un elemento del acto administrativo de tipo:

a) Objetivo.

b) Subjetivo.

c) Formal.

d) Accidental.

58. Serán motivados, con sucinta referencia de hechos y fundamentos de Derecho:

a) Los actos que se separen del criterio seguido en actuaciones precedentes o del dictamen de órganos consultivos.

b) Los actos que limiten derechos subjetivos o intereses legítimos.

c) Los actos que resuelvan procedimientos de revisión de oficio de disposiciones o actos administrativos, recursos administrativos y procedimientos de arbitraje y los que declaren su inadmisión.

d) Todas las respuestas son correctas.

59. Como consecuencia del principio de congruencia, al resolver un recurso, la Administración Pública:

a) Podrá agravar la situación inicial del recurrente.

b) Deberá ajustarse a las peticiones del recurrente.

c) Lo desestimará, manteniendo el acto administrativo.

d) Solo decidirá sobre las cuestiones planteadas por el recurrente sin entrar en otras que deriven del procedimiento.

60. Pone fin a la vía administrativa un acto de un Director General de un Ministerio en la siguiente materia en la que tenga competencia:

a) Cualquier materia.

b) Una materia que esté descentralizada.

c) De personal.

d) En ningún caso sus actos ponen fin a esta vía administrativa.

61. El recurso de revisión es:

a) Unitario.
b) Ordinario.
c) Especial.
d) Extraordinario.

62. Según pongan fin al expediente administrativo o formen parte del mismo, como una fase del mismo, sin tener carácter resolutivo, los actos administrativos se clasifican en:

a) Actos definitivos y actos de trámite.
b) Actos propios y actos impropios.
c) Actos básicos y actos de trámite.
d) Actos únicos y actos múltiples.

63. Según que la Administración, al dictarlos, se limite a aplicar una norma que le señala claramente la decisión a adoptar en el supuesto del hecho de que se trate, o tenga libertad en la emisión de dicho acto, pudiendo optar entre diversas alternativas que la ley le ofrece, pero sin olvidar que el fin de toda su actuación es el interés general, los actos administrativos se clasifican en:

a) Actos únicos y actos múltiples.
b) Actos de trámite y actos complejos.
c) Actos directos y actos indirectos
d) Actos reglados y actos discrecionales.

64. Contra los actos dictados por un Tribunal de Oposiciones:

a) No cabe recurso alguno.
b) Puede presentarse recurso de alzada ante su Presidente.
c) El recurso de alzada debe entablarse ante la autoridad que nombró al Presidente.
d) Solo es posible el recurso de revisión.

65. No es motivo bastante para interponer un recurso de revisión que:

a) Se haya incurrido en manifiesto error de hecho al dictar el acto.
b) Hubiere mediado cohecho en la resolución.
c) Se haya dictado por órgano manifiestamente incompetente.
d) Hayan influido documentos declarados falsos por sentencia judicial firme.

66. Para que pueda entablarse un recurso extraordinario de revisión por error de hecho, este:

a) Ha de ser declarado por sentencia judicial firme.
b) Ha de haberse adoptado por cohecho.

c) Ha de derivar de documentos habidos en el expediente.

d) Nada de lo anterior es cierto.

67. La revocación por la Administración Pública de un acto administrativo de gravamen o no declarativo de derechos:

a) Ha de efectuarse a instancia de los particulares.

b) Está prohibida.

c) Se podrá revocar mientras que no haya transcurrido el plazo de prescripción, siempre que no constituya dispensa o exención no permitida por las leyes, o sea contraria al principio de igualdad, al interés público o al ordenamiento jurídico.

d) Requiere previo dictamen del Consejo de Estado.

68. En la Administración Local (en concreto, en un Ayuntamiento), la declaración de lesividad de un acto se efectúa a través del/de la:

a) Presidente de la Corporación Local.

b) Junta de Gobierno Local.

c) Pleno.

d) Cualquiera de los anteriores.

69. Un acto anulable, ¿puede ser revisado de oficio por la Administración Pública, una vez transcurridos cuatro años desde que se dictó?

a) Sí, cuando así lo dictamine el Consejo de Estado.

b) No.

c) Sí, cuando incurra en nulidad de pleno derecho y así lo dictamine el Consejo de Estado.

d) Sí, cuando la ilegalidad sea manifiesta y así lo dictamine el Consejo de Estado.

70. Entre los límites de la revisión de los actos administrativos se encuentra:

a) La prescripción de la acción.

b) Su ilegalidad manifiesta.

c) Que atente a derechos subjetivos.

d) Que incurra en nulidad de pleno derecho.

Solución al test n.º 2

1. b) Las Administraciones Públicas realizarán el acto, por sí o a través de las personas que determinen, a su propia costa.

2. a) Irregular.

3. a) Natural.

4. b) La regla general.

5. d) Las respuestas a) y c) son correctas.

6. a) Nulas.

7. d) Eventual del acto.

8. d) Está expresamente prohibida.

9. d) En cuya emisión de voluntad han de intervenir, como mínimo, dos órganos administrativos.

10. d) Que se dictó el acto anulado.

11. a) No inferior a diez días ni superior a quince.

12. c) Por medios electrónicos.

13. c) Actos simples y complejos.

14. b) Resolverá cuantas cuestiones se deduzcan del expediente.

15. c) Formal.

16. a) Cuando el vicio consiste en incompetencia jerárquica.

17. d) Todas las respuestas son correctas.

18. a) Siempre.

19. b) No dicta actos administrativos.

20. b) Reglados, en parte.

21. a) Publicarse.

22. b) Acto definitivo.

23. c) Informe emitido en un procedimiento.

24. c) Atribuciones que se otorgan a un órgano administrativo.

25. b) Posible y lícito.

26. d) Eventual del acto.

27. d) Un mes.

28. d) Cuando la ley lo prescriba.

29. d) Todos los anteriores deben motivarse.

30. c) Los motivos en que se basa la decisión.

31. d) Las respuestas a) y c) son correctas.

32. d) No se lesionen derechos de otras personas.

33. c) Puede ser objeto de impugnación por el particular.

34. a) Mayor de catorce años.

35. c) Funcional y territorial.

36. b) Absoluto.

37. b) Hayan transcurrido diez días naturales desde la puesta a disposición de la notificación sin que se acceda a su contenido.

38. d) Siempre.

39. b) No impide su ejecutividad una vez efectuada.

40. c) Pueden establecerse expresamente por una disposición con rango de ley.

41. d) Pueden dar lugar a la anulabilidad si producen indefensión.

42. a) Si el vicio consiste en incompetencia jerárquica.

43. c) Incompetencia funcional.

44. b) La regla general.

45. d) Inexistente.

46. d) Indistintamente, ante el órgano que dictó el acto o el superior jerárquico que deba decidirlo.

47. c) Tres meses de su interposición.

48. a) Cuando el recurso se presentó contra un acto presunto desestimatorio de la solicitud del ciudadano.

49. d) Los actos firmes exclusivamente.

50. a) A los tres meses de su interposición.

51. c) Dentro de los cuatro años desde la notificación del acto.

52. a) El incumplimiento de la condición resolutoria a que pudiera estar sujeto.

53. c) Municipios de gran población.

54. d) Puede hacerlo quien ostente la condición de interesado.

55. d) Las respuestas a) y c) son ciertas.

56. d) Deberá resolverse, si del propio recurso se deduce su carácter.

57. c) Formal.

58. d) Todas las respuestas son correctas.

59. b) Deberá ajustarse a las peticiones del recurrente.

60. c) De personal.

61. d) Extraordinario.

62. a) Actos definitivos y actos de trámite.

63. d) Actos reglados y actos discrecionales.

64. c) El recurso de alzada debe presentarse ante la autoridad que nombró al Presidente.

65. c) Se haya dictado por órgano manifiestamente incompetente.

66. c) Ha de derivar de documentos habidos en el expediente.

67. c) Se podrá revocar mientras que no haya transcurrido el plazo de prescripción, siempre que no constituya dispensa o exención no permitida por las leyes, o sea contraria al principio de igualdad, al interés público o al ordenamiento jurídico.

68. c) Pleno.

69. b) No.

70. a) La prescripción de la acción.

**Procedimiento Administrativo Común (II):
Las fases del procedimiento administrativo.
Iniciación, Ordenación, Instrucción y Finalización. La ejecución**

1. Las medidas provisionales deberán ser confirmadas, modificadas o levantadas en el acuerdo de iniciación del procedimiento, que deberá efectuarse:

a) Dentro de los quince días siguientes a su adopción.
b) Dentro del mes siguiente a su adopción.
c) Dentro de los cinco días siguientes a su adopción.
d) Dentro de los tres meses siguientes a su adopción.

2. ¿Cómo se denominan los procedimientos que tienden a la realización material de una decisión anterior ya definitiva, como, por ejemplo, el procedimiento de apremio?

a) Procedimientos ejecutivos.
b) Procedimientos declarativos.
c) Procedimientos de simple gestión.
d) Procedimientos de materialización o sustanciación.

3. ¿Cuándo podrán los administrados conocer el estado de la tramitación de los procedimientos en los que tengan la condición de interesados?

a) Solo en la fase de instrucción.
b) Únicamente en la fase de alegaciones.
c) Tan solo en la fase de prueba.
d) En cualquier momento.

4. Señala qué recurso cabe contra el acuerdo de acumulación de procedimientos administrativos:

a) Recurso de alzada.
b) Recurso extraordinario de revisión.
c) Recurso de reposición, en el plazo de un mes.
d) Ningún recurso.

5. ¿Cuándo se iniciarán de oficio los procedimientos?

a) Por denuncia.
b) Por acuerdo del órgano competente.
c) Por propia iniciativa.
d) Todas las respuestas son correctas.

6. Señala la respuesta incorrecta respecto al inicio del procedimiento por denuncia:

a) Las denuncias deberán expresar la identidad de la persona o personas que las presentan y el relato de los hechos que se ponen en conocimiento de la Administración.
b) La presentación de una denuncia confiere, por sí sola, la condición de interesado en el procedimiento.
c) Cuando la denuncia invocara un perjuicio en el patrimonio de las Administraciones Públicas la no iniciación del procedimiento deberá ser motivada y se notificará a los denunciantes la decisión de si se ha iniciado o no el procedimiento.
d) Se entiende por denuncia el acto por el que cualquier persona, en cumplimiento o no de una obligación legal, pone en conocimiento de un órgano administrativo la existencia de un determinado hecho que pudiera justificar la iniciación de oficio de un procedimiento administrativo.

7. ¿En qué caso se podrá imponer una sanción sin que se haya tramitado el oportuno procedimiento?

a) En casos de urgente necesidad.
b) En situaciones excepcionales, como por ejemplo, situaciones de crisis sanitarias o epidemias.
c) Las respuestas a) y b) son correctas.
d) En ningún caso.

8. ¿Cuál de los siguientes datos no es necesario que figure en las solicitudes de iniciación del procedimiento por parte de los interesados?

a) Número de teléfono.
b) Hechos, razones y petición en que se concrete, con toda claridad, la solicitud.
c) Órgano, centro o unidad administrativa a la que se dirige y su correspondiente código de identificación.
d) Firma del solicitante o acreditación de la autenticidad de su voluntad expresada por cualquier medio.

9. Los documentos que los interesados dirijan a los órganos de las Administraciones Públicas podrán presentarse:

a) En las oficinas de Correos, en la forma que reglamentariamente se establezca.
b) En el registro electrónico de la Administración u Organismo al que se dirijan.

c) En las representaciones diplomáticas u oficinas consulares de España en el extranjero.

d) Todas las respuestas son correctas.

10. Los interesados solo podrán solicitar el inicio de un procedimiento de responsabilidad patrimonial, cuando no haya prescrito su derecho a reclamar. El derecho a reclamar prescribirá:

a) Al año de producido el hecho o el acto que motive la indemnización o se manifieste su efecto lesivo.

b) A los dos años de producido el hecho o el acto que motive la indemnización o se manifieste su efecto lesivo.

c) A los cinco años de producido el hecho o el acto que motive la indemnización o se manifieste su efecto lesivo.

d) Este derecho no prescribe.

11. ¿De acuerdo con qué principio se acordarán en un solo acto todos los trámites que, por su naturaleza, admitan un impulso simultáneo y no sea obligado su cumplimiento sucesivo?

a) Con el principio de oficialidad.

b) Con el principio de eficacia.

c) Con el principio de simplificación administrativa.

d) Con el principio de rapidez administrativa.

12. Salvo en el caso de que en la norma correspondiente se fije plazo distinto, los trámites que deban ser cumplimentados por los interesados deberán realizarse en el plazo de:

a) Siete días a partir del siguiente al de la notificación del correspondiente acto.

b) Diez días a partir del siguiente al de la notificación del correspondiente acto.

c) Quince días a partir del siguiente al de la notificación del correspondiente acto.

d) Un mes a partir del siguiente al de la notificación del correspondiente acto.

13. En cualquier momento del procedimiento, cuando la Administración considere que alguno de los actos de los interesados no reúne los requisitos necesarios, lo pondrá en conocimiento de su autor, concediéndole un plazo para cumplimentarlo:

a) De cinco días.

b) De siete días.

c) De diez días.

d) De veinte días.

14. Cuando la Administración no tenga por ciertos los hechos alegados por los interesados o la naturaleza del procedimiento lo exija, el instructor del mismo acordará la apertura de un período de prueba, a fin de que puedan practicarse cuantas juzgue pertinentes, por un plazo:

a) No superior a treinta días ni inferior a diez.
b) No superior a treinta días ni inferior a quince.
c) No superior a veinte días ni inferior a diez.
d) No superior a veinte días ni inferior a cinco.

15. Salvo disposición expresa en contrario, los informes serán:

a) Vinculantes.
b) Vinculantes y facultativos.
c) Facultativos y no vinculantes.
d) Nunca facultativos.

16. En el caso de los procedimientos de responsabilidad patrimonial será preceptivo solicitar informe al servicio cuyo funcionamiento haya ocasionado la presunta lesión indemnizable, no pudiendo exceder el plazo de su emisión de:

a) Diez días.
b) Quince días.
c) Veinte días.
d) Un mes.

17. ¿Cómo se denomina el conjunto ordenado de documentos y actuaciones que sirven de antecedente y fundamento a la resolución administrativa, así como las diligencias encaminadas a ejecutarla?

a) Dosier administrativo.
b) Acto administrativo.
c) Expediente administrativo.
d) Procedimiento administrativo.

18. Con arreglo al artículo 74 LPACAP, las cuestiones incidentales que se susciten en el procedimiento, incluso las que se refieran a la nulidad de actuaciones:

a) Suspenderán la tramitación del procedimiento.
b) No suspenderán la tramitación del procedimiento, salvo la recusación.
c) No suspenderán la tramitación del procedimiento en ningún caso.
d) Siempre que lo estime oportuno el instructor del procedimiento, y así lo motive suficientemente, suspenderá la tramitación del procedimiento.

19. ¿Cuándo podrán los interesados aducir alegaciones y aportar documentos u otros elementos de juicio?

a) En cualquier momento.
b) En cualquier momento del procedimiento posterior al trámite de audiencia.
c) En cualquier momento del procedimiento anterior al trámite de audiencia.
d) Únicamente cuando lo autorice el instructor del procedimiento.

20. Señala la respuesta incorrecta respecto a los medios y período de prueba:

a) El instructor del procedimiento solo podrá rechazar las pruebas propuestas por los interesados cuando sean manifiestamente improcedentes o innecesarias, sin necesidad de resolución motivada.
b) En los procedimientos de carácter sancionador, los hechos declarados probados por resoluciones judiciales penales firmes vincularán a las Administraciones Públicas respecto de los procedimientos sancionadores que substancien.
c) Cuando la prueba consista en la emisión de un informe de un órgano administrativo, organismo público o Entidad de derecho público, se entenderá que este tiene carácter preceptivo.
d) Cuando la valoración de las pruebas practicadas pueda constituir el fundamento básico de la decisión que se adopte en el procedimiento, por ser pieza imprescindible para la correcta evaluación de los hechos, deberá incluirse en la propuesta de resolución.

21. Cuando lo considere necesario, el instructor, a petición de los interesados, podrá decidir la apertura de un período extraordinario de prueba por un plazo:

a) No superior a diez días.
b) No superior a quince días.
c) No superior a veinte días.
d) No superior a un mes.

22. Salvo que una disposición o el cumplimiento del resto de los plazos del procedimiento permita o exija otro plazo mayor o menor, los informes serán emitidos en el plazo de:

a) Diez días.
b) Quince días.
c) Veinte días.
d) Un mes.

23. ¿De qué plazo disponen los interesados para alegar y presentar los documentos y justificaciones que estimen pertinentes?

a) De un plazo no inferior a cinco días ni superior a diez.
b) De un plazo no inferior a diez días ni superior a quince.
c) De un plazo no inferior a diez días ni superior a veinte.
d) De un plazo no inferior a diez días ni superior a un mes.

24. La compulsión sobre las personas:

a) Deriva de la propia esencia del acto administrativo.

b) Deriva del principio de ejecutividad de los actos administrativos.

c) Deriva de la posibilidad en manos de la Administración Pública de ejecutar forzosamente algunos actos administrativos.

d) Es similar al lanzamiento administrativo.

25. Entre los medios de ejecución forzosa no se encuentra el/la:

a) Desahucio administrativo.

b) Ejecución subsidiaria.

c) Multa coercitiva.

d) Compulsión sobre la persona.

26. Señala la respuesta incorrecta respecto a la ejecución subsidiaria, a la que se refiere el art. 102 LPACAP:

a) Es posible la ejecución subsidiaria cuando se trate de actos que no sean personalísimos.

b) Las Administraciones Públicas realizarán el acto, por sí o a través de las personas que determinen, a su propia costa.

c) El importe de los gastos, daños y perjuicios se exigirá al obligado.

d) El importe anterior, podrá liquidarse de forma provisional y realizarse antes de la ejecución, a reserva de la liquidación definitiva.

27. ¿En qué plazo deberán practicarse las actuaciones complementarias?

a) En un plazo no superior a siete días.

b) En un plazo no superior a diez días.

c) En un plazo no superior a quince días.

d) En un plazo no superior a un mes.

28. ¿Transcurrido qué plazo desde que se inició el procedimiento sin que haya recaído y se notifique resolución expresa o, en su caso, se haya formalizado el acuerdo, podrá entenderse que la resolución es contraria a la indemnización del particular?

a) Transcurrido un mes.

b) Transcurridos tres meses.

c) Transcurridos seis meses.

d) Transcurrido un año.

29. A tenor del artículo 92 LPACAP, en el ámbito de la Administración General del Estado, los procedimientos de responsabilidad patrimonial se resolverán por:

a) El Ministro respectivo.

b) El Presidente del Gobierno.

c) El Consejo de Ministros.
d) Las respuestas a) y c) son correctas.

30. Señale la respuesta incorrecta respecto al desistimiento y renuncia por los interesados:

a) Si el escrito de iniciación se hubiera formulado por dos o más interesados, el desistimiento o la renuncia afectará a todos los que la hubiesen formulado.
b) Todo interesado podrá desistir de su solicitud o, cuando ello no esté prohibido por el ordenamiento jurídico, renunciar a sus derechos.
c) Si la cuestión suscitada por la incoación del procedimiento entrañase interés general o fuera conveniente sustanciarla para su definición y esclarecimiento, la Administración podrá limitar los efectos del desistimiento o la renuncia al interesado y seguirá el procedimiento.
d) Tanto el desistimiento como la renuncia podrán hacerse por cualquier medio que permita su constancia, siempre que incorpore las firmas que correspondan de acuerdo con lo previsto en la normativa aplicable.

31. La Administración aceptará de plano el desistimiento o la renuncia, y declarará concluso el procedimiento salvo que, habiéndose personado en el mismo terceros interesados, instasen estos su continuación en el plazo de:

a) Un mes desde que fueron notificados del desistimiento o renuncia.
b) Veinte días desde que fueron notificados del desistimiento o renuncia.
c) Quince días desde que fueron notificados del desistimiento o renuncia.
d) Diez días desde que fueron notificados del desistimiento o renuncia.

32. En los procedimientos iniciados a solicitud del interesado, cuando se produzca su paralización por causa imputable al mismo, la Administración le advertirá que se producirá la caducidad del procedimiento, transcurrido:

a) Un mes.
b) Tres meses.
c) Seis meses.
d) Un año.

33. ¿En qué momento el órgano competente podrá abrir un periodo de información o actuaciones previas con el fin de conocer las circunstancias del caso concreto?

a) Tras el periodo de prueba.
b) Justo antes de la resolución.
c) Con anterioridad al inicio del procedimiento.
d) En la fase de instrucción.

34. ¿Cuál es el medio utilizado por la Administración para el cobro de las cantidades líquidas adeudadas a la misma que voluntariamente no han sido abonadas por los obligados a ello?

a) Apremio sobre el patrimonio.
b) Multa coercitiva.
c) Ejecución subsidiaria.
d) Compulsión sobre las personas.

35. Si fueran varios los medios de ejecución admisibles por las Administraciones Públicas se elegirá:

a) El menos gravoso para el administrado.
b) El más rápido en su ejecución.
c) El menos restrictivo de la libertad individual.
d) El que prefiera el administrado.

Solución al test n.º 3

1. a) Dentro de los quince días siguientes a su adopción.

2. a) Procedimientos ejecutivos.

3. d) En cualquier momento.

4. d) Ninguno de los recursos anteriores.

5. d) Todas las respuestas son correctas.

6. b) La presentación de una denuncia confiere, por sí sola, la condición de interesado en el procedimiento.

7. d) En ningún caso.

8. a) Número de teléfono.

9. d) Todas las respuestas son correctas.

10. a) Al año de producido el hecho o el acto que motive la indemnización o se manifieste su efecto lesivo.

11. c) Con el principio de simplificación administrativa.

12. b) Diez días a partir del siguiente al de la notificación del correspondiente acto.

13. c) De diez días.

14. a) No superior a treinta días ni inferior a diez.

15. c) Facultativos y no vinculantes.

16. a) Diez días.

17. c) Expediente administrativo.

18. b) No suspenderán la tramitación del procedimiento, salvo la recusación.

19. c) En cualquier momento del procedimiento anterior al trámite de audiencia.

20. a) El instructor del procedimiento solo podrá rechazar las pruebas propuestas por los interesados cuando sean manifiestamente improcedentes o innecesarias, sin necesidad de resolución motivada.

21. a) No superior a diez días.

22. a) Diez días.

23. b) De un plazo no inferior a diez días ni superior a quince.

24. c) Deriva de la posibilidad en manos de la Administración Pública de ejecutar forzosamente algunos actos administrativos.

25. a) Desahucio administrativo.

26. b) Las Administraciones Públicas realizarán el acto, por sí o a través de las personas que determinen, a su propia costa.

27. c) En un plazo no superior a quince días.

28. c) Transcurridos seis meses.

29. d) Las respuestas a) y c) son correctas.

30. a) Si el escrito de iniciación se hubiera formulado por dos o más interesados, el desistimiento o la renuncia afectará a todos los que la hubiesen formulado.

31. d) Diez días desde que fueron notificados del desistimiento o renuncia.

32. b) Tres meses.

33. c) Con anterioridad al inicio del procedimiento.

34. a) Apremio sobre el patrimonio.

35. c) El menos restrictivo de la libertad individual.

TEST N.º 4

Funcionamiento electrónico del sector público (I): Sede electrónica. Canales y puntos de acceso. Identificación y autenticación. Firma electrónica

1. Señala la opción incorrecta. Las herramientas y dispositivos que deban utilizarse para la comunicación por medios electrónicos con las Administraciones Públicas por parte de las personas interesadas y por el propio sector público, así como sus características técnicas:

a) Serán no discriminatorios.
b) Estarán disponibles de forma general.
c) Serán compatibles con los productos informáticos de uso general.
d) Carecerán de propiedad intelectual.

2. Según el artículo 2 del RD 203/2021, la capacidad de las Administraciones Públicas para que, partiendo del conocimiento adquirido del usuario final del servicio, proporcionen servicios precumplimentados y se anticipen a las posibles necesidades de los mismos, está basada en el principio de personalización y:

a) Proporcionalidad.
b) Proactividad.
c) Interoperabilidad.
d) Adaptabilidad al progreso.

3. ¿Qué principio enunciado en el RD 203/2021, determina que el diseño de los servicios electrónicos esté centrado en las personas usuarias, de forma que se minimice el grado de conocimiento necesario para el uso del servicio?

a) Principio de adaptabilidad al progreso.
b) Principio de accesibilidad.
c) Principio de facilidad de uso.
d) Principio de interoperabilidad.

4. Se define como "dirección electrónica disponible para los ciudadanos a través de redes de telecomunicaciones cuya titularidad, gestión y administración corresponde a una Administración Pública, órgano o entidad administrativa en el ejercicio de sus competencias":

a) Sede electrónica.
b) Administración electrónica.
c) Página web de una Administración Pública.
d) Estándar abierto.

5. En relación con las sedes electrónicas, es cierto que:

a) La sede electrónica asociada tendrá consideración de sede electrónica a todos los efectos.
b) El acto o resolución de creación o supresión de una sede electrónica o sede electrónica asociada será publicado en el boletín oficial del Estado.
c) El titular de la sede electrónica y, en su caso, de la sede electrónica asociada, no será responsable de la integridad, veracidad y actualización de la información a la que pueda accederse a través de la misma.
d) Solo podrá crearse una sede electrónica asociada por cada sede electrónica.

6. El acta o resolución de creación de una sede electrónica debe determinar necesariamente:

a) La fecha y hora oficial, así como el calendario de días inhábiles a efectos del cómputo de plazos aplicable a la Administración en que se integre el órgano, organismo público o entidad de derecho público vinculado o dependiente que sea titular de la sede electrónica o sede electrónica asociada.
b) La información necesaria para la correcta utilización de la sede electrónica, incluyendo su mapa o información equivalente, con especificación de la estructura de navegación y las distintas secciones disponibles, así como la relativa a propiedad intelectual, protección de datos personales y accesibilidad.
c) La normativa reguladora del Registro al que se acceda a través de la sede electrónica.
d) La identificación del órgano u órganos encargados de la gestión y de los servicios puestos a disposición en la misma.

7. Según el artículo 38.2 de la Ley 40/2015, de 1 de octubre, de Régimen Jurídico del Sector Público, el establecimiento de una sede electrónica conlleva la responsabilidad del titular respecto de la integridad, veracidad y .... de la información y los servicios a los que pueda accederse a través de la misma. Señala qué palabra falta en la anterior frase:

a) Seguridad.
b) Interoperabilidad.

c) Actualización.
d) Neutralidad.

8. Servicio de la administración electrónica que permite a la ciudadanía tener acceso a la información de carácter personal en poder de las Administraciones Públicas, así como sobre los procedimientos en los que tenga condición de persona interesada:

a) Punto de acceso general electrónico.
b) Portal de internet.
c) Sede electrónica.
d) Carpeta ciudadana.

9. Cuando una sede electrónica o sede electrónica asociada contenga procedimientos, servicios o ambos, cuya competencia corresponda a otro órgano administrativo, organismo público o entidad de derecho público vinculado o dependiente, ¿quién será responsable de la integridad, veracidad y actualización de los mismos?

a) El titular de la competencia, siempre que dicho órgano, organismo o entidad pertenezca a la misma Administración.
b) El titular de la sede electrónica o sede electrónica asociada, siempre que dicho órgano, organismo o entidad pertenezca a la misma Administración.
c) El titular de la competencia, sea de la misma o de diferente Administración.
d) El titular de la sede electrónica o sede electrónica asociada, sea de la misma o de diferente Administración.

10. Conforme al artículo 7.3 del Real Decreto 203/2021, para poder acceder a todas las sedes electrónicas y sedes asociadas de la Administración Pública correspondiente, el Punto de Acceso General electrónico dispondrá de:

a) Una sede electrónica.
b) Un área personalizada.
c) Un portal de internet.
d) Un Punto de Acceso Específico electrónico.

11. Según el artículo 11 del Real Decreto 203/2021, de 30 de marzo, por el que se aprueba el Reglamento de actuación y funcionamiento del sector público por medios electrónicos, NO es un contenido mínimo que toda sede electrónica ha de poner a disposición de las personas interesadas:

a) La normativa reguladora del Registro al que se acceda a través de la sede electrónica.
b) La relación de sistemas de identificación y firma electrónica que sean admitidos o utilizados en la misma.

c) La identificación del acto o disposición de creación y el acceso al mismo, directamente o mediante enlace a su publicación en el Boletín Oficial correspondiente.

d) Relación histórica de los servicios, procedimientos y trámites publicados.

12. Según el artículo 38.3 de la LRJSP, cada Administración Pública determinará las condiciones e instrumentos de creación de las sedes electrónicas, con sujeción a varios principios, entre los que no figura el de:

a) Neutralidad.
b) Accesibilidad.
c) Coordinación.
d) Publicidad.

13. La sede electrónica a través de la cual se facilita el acceso a los servicios y procedimientos de las distintas sedes electrónicas de la Administración Pública correspondiente, se conoce en la LPACAP como:

a) Punto general de acceso.
b) Oficina virtual de referencia.
c) Registro general electrónico.
d) Portal-sede.

14. Se define en el artículo 39 de la LRJSP como el punto de acceso electrónico cuya titularidad corresponda a una Administración Pública, organismo público o entidad de Derecho Público que permite el acceso a través de internet a la información publicada y, en su caso, a la sede electrónica correspondiente:

a) Portal de transparencia.
b) Plataforma oficial.
c) Portal web.
d) Portal de internet.

15. Señala la palabra que falta, según el artículo 12.1 de la LPACAP. Las Administraciones Públicas deberán garantizar que los interesados pueden relacionarse con la Administración a través de medios electrónicos, para lo que pondrán a su disposición los ………….. de acceso que sean necesarios así como los sistemas y aplicaciones que en cada caso se determinen:

a) Portales.
b) Servidores.
c) Canales.
d) Códigos.

16. Los datos en formato electrónico anejos a otros datos electrónicos o asociados de manera lógica con ellos que utiliza el firmante para firmar, constituyen, según el Reglamento (UE) 910/2014:

a) La firma electrónica.
b) El certificado electrónico.
c) El expediente electrónico.
d) El documento electrónico.

17. Los poderes que se inscriban en los registros electrónicos generales y particulares de apoderamientos tendrán una validez determinada máxima, a contar desde la fecha de inscripción, de:

a) 3 años.
b) 5 años.
c) 7 años.
d) 10 años.

18. Según el artículo 41.1 de la LRJSP, se entiende por actuación administrativa automatizada:

a) Cualquier acto o actuación realizada íntegramente a través de medios electrónicos por una Administración Pública en el marco de un procedimiento administrativo y en la que no haya intervenido de forma directa un empleado público.
b) Cualquier acto o actuación realizada al menos en parte a través de medios electrónicos por una Administración Pública en el marco de un procedimiento administrativo y en la que no haya intervenido de forma directa un empleado público.
c) Cualquier acto o actuación realizada íntegramente a través de medios electrónicos por una Administración Pública en el marco de un procedimiento administrativo y en la que haya intervenido de forma directa un empleado público.
d) Cualquier acto o actuación realizada al menos en parte a través de medios electrónicos por una Administración Pública en el marco de un procedimiento administrativo y en la que haya intervenido de forma directa un empleado público.

19. En relación con la firma electrónica del personal al servicio de las Administraciones Públicas, es cierto que:

a) En ningún caso, los sistemas de firma electrónica podrán referirse solo el número de identificación profesional del empleado público.
b) La actuación de una Administración Pública, órgano, organismo público o entidad de derecho público, cuando utilice medios electrónicos, se realizará mediante firma electrónica del titular del órgano o empleado público.
c) Cada Administración Pública determinará los sistemas de firma electrónica que debe utilizar su personal, los cuales deberán identificar de forma separada al titular del puesto de trabajo o cargo y a la Administración u órgano en la que presta sus servicios.

d) Con el fin de favorecer la interoperabilidad y posibilitar la verificación automática de la firma electrónica de los documentos electrónicos, cuando una Administración utilice sistemas de firma electrónica distintos de aquellos basados en certificado electrónico reconocido o cualificado, para remitir o poner a disposición de otros órganos, organismos públicos, entidades de Derecho Público o Administraciones la documentación firmada electrónicamente, deberá superponer un sello electrónico basado en un certificado electrónico reconocido.

20. Conforme al artículo 9.2 de la LPACAP, los interesados podrán identificarse electrónicamente ante las Administraciones Públicas a través de cualquier sistema que cuente con un registro previo como usuario que permita garantizar su:

a) Identidad.
b) Motivación.
c) Consentimiento.
d) Ubicación.

21. Conforme al artículo 9 de la LPACAP (en redacción dada por la Ley 11/2022, de 28 de junio), los interesados podrán identificarse electrónicamente ante las Administraciones Públicas a través de cualquier sistema que las Administraciones públicas consideren válido en los términos y condiciones que se establezca, siempre que cuenten con un registro previo como usuario que permita garantizar su identidad y previa comunicación a la Secretaría General de Administración Digital del Ministerio de Transformación Digital y Función Pública. De forma previa a la eficacia jurídica del sistema, habrá de transcurrir desde dicha comunicación el siguiente plazo, durante el cual el órgano estatal competente por motivos de seguridad pública podrá acudir a la vía jurisdiccional, previo informe vinculante de la Secretaría de Estado de Seguridad:

a) 1 mes.
b) 2 meses.
c) 3 meses.
d) 6 meses.

22. El Reglamento (UE) 910/2014 la define como "aquella firma electrónica que cumple con los siguientes requisitos: estar vinculada al firmante de manera única; permitir la identificación del firmante; haber sido creada utilizando datos de creación de la firma electrónica que el firmante puede utilizar, con un alto nivel de confianza, bajo su control exclusivo; estar vinculada con los datos firmados por la misma de modo tal que cualquier modificación ulterior de los mismos sea detectable":

a) Firma electrónica reconocida.
b) Firma electrónica avanzada.
c) Firma electrónica certificada.
d) Firma electrónica cualificada.

23. Una condición para que pueda realizarse válidamente la identificación o firma electrónica en el procedimiento administrativo del interesado por un funcionario público mediante el uso del sistema de firma electrónica del que esté dotado para ello, es que:

a) El interesado disponga de los medios electrónicos necesarios.

b) El interesado esté obligado a relacionarse con la Administración por medios electrónicos.

c) El interesado se identifique ante el funcionario y preste su consentimiento expreso para esta actuación.

d) El interesado sea una persona física o jurídica.

24. Procedimiento de verificación de la identidad digital de un sujeto en sus interacciones en el ámbito digital:

a) Identificación.

b) Autenticación.

c) Certificación.

d) Cualificación.

25. ¿Cuál de los siguientes NO es un requisito de un sello cualificado de tiempo electrónico?

a) Se basa en una fuente de información temporal vinculada al Tiempo Universal Coordinado.

b) Ha sido firmado mediante el uso de una firma electrónica avanzada o sellada con un sello electrónico avanzado del prestador cualificado de servicios de confianza o por cualquier método equivalente.

c) Vinculación de la fecha y hora con los datos de forma que se elimine razonablemente la posibilidad de modificar los datos sin que se detecte.

d) Protección de los datos transmitidos frente a los riesgos de pérdida, robo, deterioro o alteración no autorizada.

26. La actuación de una Administración Pública, órgano, organismo público o entidad de derecho público, cuando utilice medios electrónicos, se realizará mediante firma electrónica del titular del órgano o empleado público a través del que se ejerza la competencia. A este respecto, es cierto que:

a) Cada Administración Pública determinará los sistemas de firma electrónica que debe utilizar su personal, los cuales habrán de identificar de forma conjunta al titular del puesto de trabajo o cargo y a la Administración u órgano en la que presta sus servicios.

b) Los sistemas de firma electrónica podrán referirse sólo el número de identificación profesional del empleado público.

c) Los certificados electrónicos de empleado público serán cualificados y se ajustarán a lo señalado en el Esquema Nacional de Interoperabilidad y la legislación vigente en materia de identidad y firma electrónica.

d) En ningún caso se podrá solicitar la revelación de la identidad del titular de un certificado de empleado público con número de identificación profesional.

27. ¿Cuántas claves tiene un certificado digital?

a) Una; la clave privada.
b) Dos; la clave privada y la clave pública.
c) Dos; la clave privada y la clave de acceso.
d) Tres; la clave privada, la clave de acceso y la clave pública.

28. Es la evolución del primer formato de firma estandarizado. Es apropiado para firmar ficheros grandes, especialmente si la firma contiene el documento original porque optimiza el espacio de la información:

a) OOXML.
b) PAdES.
c) XAdES.
d) CAdES.

29. El artículo 4 de la Ley 6/2020, de 11 de noviembre, reguladora de determinados aspectos de los servicios electrónicos de confianza, contempla dos formas de extinción de los certificados electrónicos:

a) Por caducidad o por revocación.
b) Por suspensión o por nulidad.
c) Por sanción o por eliminación.
d) Por desuso o por sustitución.

30. Firmar un documento en papel, escanearlo y enviarlo por email se considera una forma de:

a) Firma electrónica cualificada.
b) Firma electrónica simple.
c) Firma electrónica avanzada.
d) Certificado electrónico.

Solución al test n.º 4

1. d) Carecerán de propiedad intelectual.

2. b) Proactividad.

3. c) Principio de facilidad de uso.

4. a) Sede electrónica.

5. a) La sede electrónica asociada tendrá consideración de sede electrónica a todos los efectos.

6. d) La identificación del órgano u órganos encargados de la gestión y de los servicios puestos a disposición en la misma.

7. c) Actualización.

8. d) Carpeta ciudadana.

9. c) El titular de la competencia, sea de la misma o de diferente Administración.

10. a) Una sede electrónica.

11. d) Relación histórica de los servicios, procedimientos y trámites publicados.

12. c) Coordinación.

13. a) Punto general de acceso.

14. d) Portal de internet.

15. c) Canales.

16. a) La firma electrónica.

17. b) 5 años.

18. a) Cualquier acto o actuación realizada íntegramente a través de medios electrónicos por una Administración Pública en el marco de un procedimiento administrativo y en la que no haya intervenido de forma directa un empleado público.

19. b) La actuación de una Administración Pública, órgano, organismo público o entidad de derecho público, cuando utilice medios electrónicos, se realizará mediante firma electrónica del titular del órgano o empleado público.

20. a) Identidad.

21. b) 2 meses.

22. b) Firma electrónica avanzada.

23. c) El interesado se identifique ante el funcionario y preste su consentimiento expreso para esta actuación.

24. b) Autenticación.

25. d) Protección de los datos transmitidos frente a los riesgos de pérdida, robo, deterioro o alteración no autorizada.

26. c) Los certificados electrónicos de empleado público serán cualificados y se ajustarán a lo señalado en el Esquema Nacional de Interoperabilidad y la legislación vigente en materia de identidad y firma electrónica.

27. b) Dos; la clave privada y la clave pública.

28. d) CAdES.

29. a) Por caducidad o por revocación.

30. b) Firma electrónica simple.

TEST N.º 5

El Funcionamiento electrónico del sector público (II):
El acceso electrónico de la ciudadanía a los servicios públicos.
Los servicios públicos electrónicos. Derecho y obligación de relacionarse
electrónicamente con las Administraciones Públicas

1. Según el artículo 36.1 de la Ley 39/2015 (LPACAP), los actos administrativos se producirán por escrito a través de medios electrónicos:

a) En cualquier caso.
b) A menos que su naturaleza permita otra forma de expresión y constancia.
c) A menos que su naturaleza exija otra forma más adecuada de expresión y constancia.
d) A menos que el órgano instructor autorice otra forma más adecuada de expresión y constancia.

2. Con carácter previo a la elaboración de un proyecto o anteproyecto de ley o de reglamento, se sustanciará una consulta pública, a través del portal web de la Administración competente en la que se recabará la opinión de los sujetos y de las organizaciones más representativas potencialmente afectados por la futura norma. La consulta pública podrá omitirse cuando la norma:

a) Tenga un impacto significativo en la actividad económica.
b) Imponga obligaciones relevantes a los destinatarios.
c) Afecte a derechos o intereses legítimos de colectivos de personas.
d) Regule aspectos parciales de una materia.

3. Según el artículo 13.g) de la LPACAP, quienes tienen capacidad de obrar ante las Administraciones Públicas, son titulares, en sus relaciones con ellas, del derecho a la obtención y utilización de:

a) Cualquier medio de identificación y firma electrónica.
b) Los medios de identificación y firma electrónica que tenga a su alcance.
c) Los medios de identificación y firma electrónica contemplados en esta ley.
d) Los medios de identificación y firma electrónica, cuando así corresponda legalmente.

4. Los principios básicos y requisitos mínimos requeridos para una protección adecuada de la información constituyen:

a) El Esquema Nacional de Seguridad.
b) El Esquema Nacional de Interoperabilidad.
c) La estrategia TIC.
d) El Plan de Transformación digital de la Administración General del Estado.

5. El Esquema Nacional de Seguridad está constituido por los principios básicos y requisitos mínimos que garanticen adecuadamente la seguridad de la información tratada. Entre los principios básicos figura la:

a) Protección de las instalaciones.
b) Seguridad por defecto.
c) Reevaluación periódica.
d) Prevención ante otros sistemas de información interconectados.

6. La letra [C] señala, en relación con la seguridad de la información o de los sistemas, una dimensión de seguridad de:

a) Cualificación.
b) Confidencialidad.
c) Capacitación.
d) Certificación.

7. Un incidente de seguridad que afecte a alguna de las dimensiones de seguridad supone un perjuicio muy grave sobre las funciones de la organización, sobre sus activos o sobre los individuos afectados, cuando:

a) Reduzca de forma apreciable la capacidad de la organización para atender eficazmente sus funciones y competencias, aunque estas sigan desempeñándose.
b) Cause un daño significativo en los activos de la organización.
c) Cause un perjuicio significativo a algún individuo, de difícil reparación.
d) Anule efectivamente la capacidad de la organización para desarrollar eficazmente sus funciones y competencias.

8. Aquella dimensión de la interoperabilidad relativa a que la información intercambiada pueda ser interpretable de forma automática y reutilizable por aplicaciones que no intervinieron en su creación, se denomina:

a) Interoperabilidad semántica.
b) Interoperabilidad técnica.
c) Interoperabilidad en el tiempo.
d) Interoperabilidad organizativa.

9. En relación con la adhesión a las plataformas de la Administración General del Estado, es cierto que:

a) La adhesión a una plataforma, registro o servicio electrónico de la Administración General del Estado supondrá, necesariamente, un cambio de la titularidad sobre las actuaciones administrativas realizadas en el procedimiento administrativo de que se trate.

b) Si la plataforma provee un servicio que requiere el intercambio de información entre dos entidades usuarias de la misma o de distinta plataforma, la autenticación de la entidad solicitante puede acreditarse, ante la entidad cedente, mediante un sello electrónico cualificado del órgano, organismo público o entidad de derecho público que gestiona la plataforma en cuestión de la que es usuaria la entidad solicitante, que actuará en nombre de los órganos y organismos o entidades adheridos que actúan como solicitantes.

c) La adhesión de las comunidades autónomas o entidades locales a las plataformas estatales o registros previstos en la disposición adicional segunda de la LPACAP, es una obligación.

d) Los órganos competentes para la gestión del procedimiento administrativo de las Administraciones que se adhieran a estas plataformas, registros o servicios electrónicos no son responsables del uso que hagan de las mismas en el ejercicio de sus competencias.

10. Las condiciones y las garantías por las que se regirá la transmisión de documentos electrónicos en entornos cerrados de comunicaciones entre distintas Administraciones públicas se establecerán:

a) Por ley.
b) Por Real Decreto.
c) Mediante convenio suscrito entre aquellas.
d) En una Conferencia Sectorial.

11. ¿Cuál es el órgano técnico de cooperación de la Administración General del Estado, de las Administraciones de las Comunidades Autónomas y de las Entidades Locales en materia de administración electrónica?

a) La Comisión Sectorial de administración electrónica.
b) El Comité Nacional de Cooperación Institucional.
c) El Instituto Nacional de Administración Pública.
d) La Unidad Informática Interadministrativa.

12. Conforme al artículo 155.1 de la Ley 40/2015, de 1 de octubre, de Régimen Jurídico del Sector Público, cada Administración deberá facilitar el acceso de las restantes Administraciones Públicas a los datos relativos a los interesados que obren en su poder, especificando las condiciones, protocolos y criterios funcionales o técnicos necesarios para acceder a dichos datos con las máximas garantías de seguridad, integridad y:

a) Disponibilidad.
b) Reutilización.

c) Compatibilidad.
d) Trazabilidad.

13. ¿Cómo se llama el sistema para identificarse electrónicamente ante las Administraciones Públicas con garantías de seguridad, sin tener que recordar claves diferentes para acceder a los distintos servicios?

a) SARA.
b) FUNCIONA.
c) Cl@ve.
d) SIRES.

14. Geiser y ORVE son:

a) Soluciones para oficinas de registro, para digitalización de documentos conforme a NTI de Digitalización, e intercambio de asientos registrales por SIR.
b) Puntos de entrada centralizados para facturas electrónicas por parte de proveedores de las Administraciones Públicas.
c) Modelos de datos para el intercambio de asientos entre Entidades Registrales con independencia del Sistema de Registro origen o destino, y de la tecnología de intercambio.
d) Servicios de validación de certificados y firmas.

15. Este servicio permite establecer comunicaciones seguras entre organismos o unidades administrativas, incluyendo documentos anexos:

a) TRAJANO.
b) EFESO.
c) RODAS.
d) CORINTO.

16. Es una herramienta que genera formularios y encuestas para su publicación en portales web:

a) ADISE.
b) RUN.
c) FORMA.
d) PLATA.

17. Comunicarse con las Administraciones Públicas por medios electrónicos es:

a) Un deber de los ciudadanos.
b) Un derecho de las Administraciones Públicas.
c) Un derecho de los ciudadanos.
d) Un derecho fundamental de los españoles, recogido por la Constitución; y, a la vez, un deber.

18. En relación con el tipo de comunicación de interesado con la Administración, no es cierto que:

a) Las personas físicas puedan elegir en todo momento si se comunican con las Administraciones Públicas para el ejercicio de sus derechos y obligaciones a través de medios electrónicos o no, salvo que estén obligadas a relacionarse a través de medios electrónicos con las Administraciones Públicas.

b) Las Administraciones puedan establecer la obligación de relacionarse con ellas a través de medios electrónicos para determinados procedimientos y para ciertos colectivos de personas físicas.

c) Las personas jurídicas estén obligadas a relacionarse a través de medios electrónicos con las Administraciones Públicas para la realización de cualquier trámite de un procedimiento administrativo.

d) El medio elegido por la persona para comunicarse con las Administraciones Públicas no puede ser modificado a lo largo del procedimiento.

19. No están obligados a relacionarse a través de medios electrónicos con las Administraciones Públicas para la realización de cualquier trámite de un procedimiento administrativo:

a) Las entidades sin personalidad jurídica.

b) Todo aquel que ostente la representación de un interesado.

c) Quienes ejerzan una actividad profesional para la que se requiera colegiación obligatoria, para los trámites y actuaciones que realicen con las Administraciones Públicas en ejercicio de dicha actividad profesional.

d) Las personas jurídicas.

20. Cuando los interesados se correspondan con colectivos de personas físicas que por razón de su capacidad económica o técnica, dedicación profesional u otros motivos acreditados tengan garantizado el acceso y disponibilidad de los medios tecnológicos precisos:

a) Estarán obligados a utilizar siempre medios electrónicos para comunicarse con la Administración.

b) Podrán elegir el medio con el que comunicarse con la Administración.

c) Las Administraciones Públicas podrán establecer reglamentariamente la obligatoriedad de comunicarse con ellas utilizando sólo medios electrónicos.

d) Tendrán las mismas obligaciones que cualquier persona física en su relación con la Administración.

21. Según el artículo 14 de la LPACAP, NO están obligados a relacionarse electrónicamente con las Administraciones Públicas para la realización de cualquier trámite de un procedimiento administrativo:

a) Los empleados de las Administraciones Públicas en toda relación con estas.

b) Los notarios, en el ejercicio de su actividad profesional.

c) Los registradores mercantiles, en el ejercicio de su actividad profesional.

d) Las entidades sin personalidad jurídica.

22. ¿Pueden las Administraciones Públicas establecer la obligación de relacionarse con ellas a través de medios electrónicos a otros colectivos distintos de los que la LPACAP menciona expresamente en su artículo 14.2?

a) No, solo podrá obligarse a los mencionados en dicho artículo.

b) También están obligados los colectivos de personas físicas que por su capacidad económica tengan acceso a los medios electrónicos necesarios.

c) Sí, para determinados procedimientos, si así se recoge expresamente en una ley.

d) Sí, podrá obligarse reglamentariamente para determinados procedimientos y para ciertos colectivos de personas físicas que, por razón de su capacidad económica, técnica, dedicación profesional u otros motivos quede acreditado que tienen acceso y disponibilidad de los medios electrónicos necesarios.

23. La voluntad de relacionarse electrónicamente o, en su caso, de dejar de hacerlo cuando ya se había optado anteriormente por ello, podrá realizarse en una fase posterior del procedimiento, si bien deberá comunicarse a dicho órgano de forma que quede constancia de la misma. En ambos casos, los efectos de la comunicación se producirán a partir de:

a) El momento de la comunicación.

b) El momento en que el órgano competente para tramitar el procedimiento haya tenido constancia de la misma.

c) El día siguiente al que el órgano competente para tramitar el procedimiento haya tenido constancia de la misma.

d) El quinto día hábil siguiente a aquel en que el órgano competente para tramitar el procedimiento haya tenido constancia de la misma.

24. Si existe la obligación del interesado de relacionarse a través de medios electrónicos y aquel no los hubiese utilizado, el órgano administrativo competente en el ámbito de actuación requerirá la correspondiente subsanación, advirtiendo al interesado, o en su caso su representante, que, se le tendrá por desistido de su solicitud o se le podrá declarar decaído en su derecho al trámite correspondiente, previa resolución que deberá ser dictada en los términos previstos en el artículo 21 de la LPACAP, de no ser atendido el requerimiento en el plazo de:

a) 10 días.

b) 15 días.

c) 20 días.

d) Un mes.

25. ¿Qué formato de firma añaden los certificados y la información de los mismos para su validación a largo plazo?

a) AdES XL.
b) AdES T.
c) AdES X.
d) AdES C.

Solución al test n.º 5

1. c) A menos que su naturaleza exija otra forma más adecuada de expresión y constancia.

2. d) Regule aspectos parciales de una materia.

3. c) Los medios de identificación y firma electrónica contemplados en esta ley.

4. a) El Esquema Nacional de Seguridad.

5. c) Reevaluación periódica.

6. b) Confidencialidad.

7. d) Anule efectivamente la capacidad de la organización para desarrollar eficazmente sus funciones y competencias.

8. a) Interoperabilidad semántica.

9. b) Si la plataforma provee un servicio que requiere el intercambio de información entre dos entidades usuarias de la misma o de distinta plataforma, la autenticación de la entidad solicitante puede acreditarse, ante la entidad cedente, mediante un sello electrónico cualificado del órgano, organismo público o entidad de derecho público que gestiona la plataforma en cuestión de la que es usuaria la entidad solicitante, que actuará en nombre de los órganos y organismos o entidades adheridos que actúan como solicitantes.

10. c) Mediante convenio suscrito entre aquellas.

11. a) La Comisión Sectorial de administración electrónica.

12. a) Disponibilidad.

13. c) Cl@ve.

14. a) Soluciones para oficinas de registro, para digitalización de documentos conforme a NTI de Digitalización, e intercambio de asientos registrales por SIR.

15. d) CORINTO.

16. c) FORMA.

17. c) Un derecho de los ciudadanos.

18. d) El medio elegido por la persona para comunicarse con las Administraciones Públicas no puede ser modificado a lo largo del procedimiento.

19. b) Todo aquel que ostente la representación de un interesado.

20. c) Las Administraciones Públicas podrán establecer reglamentariamente la obligatoriedad de comunicarse con ellas utilizando sólo medios electrónicos.

21. a) Los empleados de las Administraciones Públicas en toda relación con estas.

22. d) Sí, podrá obligarse reglamentariamente para determinados procedimientos y para ciertos colectivos de personas físicas que, por razón de su capacidad económica, técnica, dedicación profesional u otros motivos quede acreditado que tienen acceso y disponibilidad de los medios electrónicos necesarios.

23. d) El quinto día hábil siguiente a aquel en que el órgano competente para tramitar el procedimiento haya tenido constancia de la misma.

24. a) 10 días.

25. a) AdES XL.

TEST N.º 6

Funcionamiento electrónico del sector público (III): Registro y archivo electrónico. Comunicaciones y notificaciones electrónicas

1. A partir de la entrada en funcionamiento del Registro Electrónico General siguiendo lo previsto en la LPACAP, los registros asistidos por la actual red de oficinas en materia de registros, no desaparecerán pero pasarán a denominarse:

a) Oficinas de asistencia en materia de registros.
b) Oficinas auxiliares de registro.
c) Oficinas generales de registro.
d) Oficinas secundarias de registro.

2. No es una función del registro de documentos:

a) Conservar adecuadamente el documento.
b) Informar sobre el contenido del documento.
c) Dar constancia de la existencia o no de un documento.
d) Informar sobre el lugar donde se encuentra el documento.

3. Los registros electrónicos de las Administraciones Públicas deben permitir la presentación de solicitudes, escritos y comunicaciones:

a) Los mismos días hábiles que el resto de registros.
b) En el horario de presencia de los funcionarios a su cargo.
c) Al menos 12 horas al día, todos los días lectivos.
d) Todos los días del año durante las 24 horas.

4. En las disposiciones de creación de registros electrónicos no es necesario especificar:

a) Los días declarados como inhábiles.
b) La caducidad del registro.
c) El órgano o unidad responsable de su gestión.
d) La fecha y hora oficial.

5. El proceso tecnológico que permite convertir un documento en soporte papel o en otro soporte no electrónico en un fichero electrónico que contiene la imagen codificada, fiel e íntegra del documento, se conoce en la LPACAP como:

a) Automatización.
b) Fotocopiado.
c) Autenticación.
d) Digitalización.

6. En relación con el funcionamiento del registro electrónico, es cierto que:

a) Permitirá la presentación de documentos todos los días hábiles del año durante la jornada laboral de su personal.
b) El inicio del cómputo de los plazos que hayan de cumplir las Administraciones Públicas vendrá determinado por la fecha y hora de presentación en el registro electrónico de cada Administración u Organismo.
c) Los documentos se considerarán presentados por el orden de hora efectiva en el que fueron aceptados por el funcionario habilitado al efecto.
d) El registro electrónico de cualquier Administración u Organismo se regirá a efectos de cómputo de los plazos, por la fecha y hora oficial indicada por el Central European Time.

7. ¿Qué calendario de días inhábiles se aplicará en los registros electrónicos a efectos del cómputo de plazos?

a) El que se publique al efecto en el Boletín Oficial del Estado para todos los registros.
b) El que se publique al efecto en el boletín oficial de la Comunidad Autónoma para todos los registros ubicados en ella.
c) El que determine la sede electrónica del registro de cada Administración Pública u Organismo.
d) El que determine la sede electrónica del ayuntamiento en cuyo municipio se ubique el registro.

8. A efectos del cómputo de plazo fijado en días hábiles o naturales, y en lo que se refiere a cumplimiento de plazos por los interesados, la presentación en un registro electrónico de una solicitud en un día inhábil:

a) Se entenderá efectuada en ese mismo momento, puesto que el registro electrónico no tiene días inhábiles.
b) Se entenderá realizada en la primera hora del primer día hábil siguiente, salvo que una norma permita expresamente la recepción en día inhábil.
c) Se entenderá realizada en la misma hora que se ha efectuado, pero del primer día hábil siguiente.
d) No tiene validez.

9. Cuando los plazos se señalen por horas:

a) Se entenderá siempre que éstas son hábiles.

b) Los plazos se contarán de hora en hora y de minuto en minuto desde la hora y minuto en que tenga lugar la notificación o publicación del acto de que se trate.

c) Son hábiles las horas del día que formen parte de la jornada laboral de un día hábil.

d) Las Administraciones Públicas no pueden fijar plazos de horas.

10. En el cómputo de días hábiles no se excluyen, por regla general:

a) Los domingos.

b) Los días declarados festivos.

c) Los sábados.

d) Los días en que haya declarado una huelga general del personal de la Administración Pública correspondiente.

11. Señala a partir de cuándo se computan los plazos fijados en meses o en años:

a) El mismo día de notificación o publicación del acto del que se trate.

b) El día siguiente a aquél en que tiene lugar la notificación o publicación del acto del que se trate.

c) El día que el interesado realice una acción que denote que tenía conocimiento del acto de que se trate.

d) Tres meses después a aquél en que se produzca la estimación o desestimación por silencio administrativo.

12. Es una norma general en el cómputo de los plazos, según la LPACAP:

a) Cuando un día fuese hábil en el municipio o Comunidad Autónoma en que residiese el interesado, e inhábil en la sede del órgano administrativo, o a la inversa, se considerará inhábil en el primer caso pero no en el segundo.

b) Cuando el último día del plazo sea inhábil, se entenderá prorrogado al primer día hábil siguiente.

c) La declaración de un día como hábil o inhábil a efectos de cómputo de plazos determina por sí sola el funcionamiento de los centros de trabajo de las Administraciones Públicas, la organización del tiempo de trabajo y el régimen de jornada y horarios de las mismas.

d) El calendario de días inhábiles a efectos de cómputos de plazos de la Administración General del Estado y de las Administraciones de las Comunidades Autónomas deberá publicarse antes del comienzo de cada año en el Boletín Oficial del Estado.

13. La Administración podrá conceder una ampliación de los plazos establecidos que no podrá exceder de:

a) Un tercio del plazo inicialmente establecido.

b) La mitad del plazo inicialmente establecido.

c) Otro tanto del plazo inicialmente establecido.

d) El doble del plazo inicialmente establecido.

14. Para que una Administración pueda conceder una ampliación de los plazos establecidos es necesario que:

a) Los plazos objeto de ampliación ya hubieran vencido.

b) La ampliación se dicte a solicitud de los interesados.

c) Se notifique a los terceros que puedan ser perjudicados en sus derechos.

d) Las circunstancias lo aconsejen.

15. Los acuerdos sobre ampliación de plazos o sobre su denegación:

a) Son susceptibles de recurso de alzada.

b) Son susceptibles de recurso potestativo de reposición.

c) Son susceptibles de cualquier tipo de recurso administrativo.

d) No son susceptibles de recurso.

16. Señala la opción incorrecta. En todo caso, las disposiciones de creación de registros electrónicos especificarán:

a) El órgano o unidad responsable de su gestión.

b) La fecha y hora oficial.

c) Los días declarados como inhábiles.

d) Los medios electrónicos permitidos.

17. Aquellos documentos e informaciones cuyo régimen especial establezca una forma de presentación en el registro distinta a la que se haya utilizado:

a) No se tendrán por presentados.

b) Paralizarán el procedimiento hasta que sean presentados reglamentariamente.

c) Solo producirán efectos si el instructor ve necesaria su inclusión.

d) Se tendrán por presentados pero no podrán generar derechos.

18. En caso de que excepcionalmente, en un procedimiento, el interesado deba presentar un documento original, tendrá derecho a:

a) Obtener una copia autenticada del documento original.

b) No desprenderse de él, presentándolo únicamente para que el funcionario correspondiente autentifique una copia con la que se quedará, devolviendo el original al interesado.

c) Recuperarlo en un plazo máximo de 30 días.

d) Ninguna norma puede exigir la presentación de documentos originales.

19. Las siglas SIR de una plataforma de registro de la Administración General del Estado corresponden a:

a) Servicio de Instalación de Referencias.
b) Sistema de Incorporación de Responsables.
c) Sede de Informatización de Respuestas.
d) Sistema de Interconexión de Registros.

20. Es un servicio de administración electrónica que proporciona a las Administraciones Públicas una solución de registro completa que permite gestionar las Oficinas de Registro de entrada/salida de una Administración, proporcionando su propio libro de registro:

a) ORVE.
b) FUNCIONA.
c) GALATEA.
d) SARA.

21. A diferencia de una notificación, las comunicaciones:

a) No trasladan actos de decisión.
b) Acredita hechos, circunstancias, juicios o acuerdos.
c) Contienen una declaración de juicio de un órgano administrativo.
d) Son el instrumento por el que el ciudadano se relaciona con la actividad de las Administraciones Públicas.

22. El órgano que dicte las resoluciones y actos administrativos deberá notificarlos a los interesados cuyos derechos e intereses sean afectados por aquéllos, a partir de la fecha en que el acto haya sido dictado, dentro del plazo de:

a) 10 días.
b) 15 días.
c) 20 días.
d) 1 mes.

23. El acceso por el interesado, debidamente identificado, al contenido de la actuación administrativa correspondiente a través de la sede electrónica del órgano u organismo público actuante:

a) Es una manera válida de notificar, por comparecencia electrónica.
b) No es un medio de notificación autorizado reglamentariamente.
c) Tendrá efectos de notificación si el interesado manifiesta expresamente su consentimiento.
d) Siempre se entenderá como practicada la notificación, aunque no quede constancia de dicho acceso.

24. Para que la comparecencia electrónica del interesado produzca los efectos de notificación, se requerirá que:

a) Una vez producido el acceso a la notificación visualice un aviso del carácter de notificación de la actuación administrativa que tendrá dicho acceso.

b) El interesado firme electrónicamente y previamente su consentimiento.

c) El sistema de información correspondiente deje constancia de dicho acceso con indicación de fecha y hora.

d) La comparecencia electrónica no es forma de practicar una notificación.

25. En relación con las notificaciones, no es cierto que:

a) Deban contener el texto íntegro de la resolución.

b) Se practicarán preferentemente por medios electrónicos.

c) Las que contengan medios de pago a favor de los obligados deberán efectuarse por medios electrónicos.

d) En los procedimientos iniciados a solicitud del interesado, la notificación se practicará por el medio señalado al efecto por el interesado.

26. Cuando la notificación por medios electrónicos sea de carácter obligatorio, o haya sido expresamente elegida por el interesado, se entenderá rechazada cuando hayan transcurrido desde la puesta a disposición de la notificación sin que se acceda a su contenido:

a) 7 días naturales.

b) 10 días naturales.

c) 15 días naturales.

d) 20 días naturales.

27. Las notificaciones por medios electrónicos se entenderán practicadas:

a) En el momento de su emisión.

b) En el momento en que se produzca el acceso a su contenido.

c) En el momento que el interesado acredite su recepción.

d) En el plazo de 10 días naturales desde su puesta a disposición del interesado.

28. No es cierto que toda notificación deba contener:

a) Indicación de si el acto es o no definitivo en la vía administrativa.

b) El texto íntegro de la resolución.

c) La expresión de los recursos que proceden.

d) La motivación de la resolución.

29. Con independencia del medio utilizado, las notificaciones serán válidas siempre que permitan tener constancia de (señala la opción incorrecta):

a) Su envío o puesta a disposición.
b) Un extracto del contenido esencial.
c) La identidad fidedigna del remitente y destinatario de la misma.
d) La recepción o acceso por el interesado o su representante.

30. Cuando el interesado fuera notificado por distintos cauces, se tomará como fecha de notificación:

a) La que más convenga al interesado.
b) La de aquélla que se hubiera producido en primer lugar.
c) La de aquélla que se hubiera producido en último lugar.
d) La de la notificación que se emitiera en primer lugar.

Solución al test n.º 6

1. a) Oficinas de asistencia en materia de registros.

2. a) Conservar adecuadamente el documento.

3. d) Todos los días del año durante las 24 horas.

4. b) La caducidad del registro.

5. d) Digitalización.

6. b) El inicio del cómputo de los plazos que hayan de cumplir las Administraciones Públicas vendrá determinado por la fecha y hora de presentación en el registro electrónico de cada Administración u Organismo.

7. c) El que determine la sede electrónica del registro de cada Administración Pública u Organismo.

8. b) Se entenderá realizada en la primera hora del primer día hábil siguiente, salvo que una norma permita expresamente la recepción en día inhábil.

9. b) Los plazos se contarán de hora en hora y de minuto en minuto desde la hora y minuto en que tenga lugar la notificación o publicación del acto de que se trate.

10. d) Los días en que haya declarado una huelga general del personal de la Administración Pública correspondiente.

11. b) El día siguiente a aquél en que tiene lugar la notificación o publicación del acto del que se trate.

12. b) Cuando el último día del plazo sea inhábil, se entenderá prorrogado al primer día hábil siguiente.

13. b) La mitad del plazo inicialmente establecido.

14. d) Las circunstancias lo aconsejen.

15. d) No son susceptibles de recurso.

16. d) Los medios electrónicos permitidos.

17. a) No se tendrán por presentados.

18. a) Obtener una copia autenticada del documento original.

19. d) Sistema de Interconexión de Registros.

20. a) ORVE.

21. a) No trasladan actos de decisión.

22. a) 10 días.

23. a) Es una manera válida de notificar, por comparecencia electrónica.

24. c) El sistema de información correspondiente deje constancia de dicho acceso con indicación de fecha y hora.

25. c) Las que contengan medios de pago a favor de los obligados deberán efectuarse por medios electrónicos.

26. b) 10 días naturales.

27. b) En el momento en que se produzca el acceso a su contenido.

28. d) La motivación de la resolución.

29. b) Un extracto del contenido esencial.

30. b) La de aquélla que se hubiera producido en primer lugar.

**Funcionamiento electrónico del sector público (IV):
La gestión electrónica de los procedimientos administrativos.
Expediente y documento electrónico. La simplificación
y reducción de cargas administrativas en la tramitación electrónica
en las Administraciones Públicas**

1. El artículo 26.2 de la Ley 39/2015 (LPACAP), exige para ser válidos "contener información de cualquier naturaleza en un soporte electrónico según un formato determinado y susceptible de identificación y tratamiento diferenciado", a:

a) Las notificaciones administrativas.
b) Las comunicaciones electrónicas.
c) Los documentos electrónicos.
d) Los certificados electrónicos.

2. En relación a los documentos electrónicos administrativos, no es cierto que:

a) Para ser considerados válidos, los documentos electrónicos administrativos deberán disponer de los datos de identificación que permitan su individualización, sin perjuicio de su posible incorporación a un expediente electrónico.
b) A menos que su naturaleza exija otra forma más adecuada de expresión y constancia, las Administraciones Públicas emitirán los documentos administrativos por escrito, a través de medios electrónicos.
c) Los documentos electrónicos emitidos por las Administraciones Públicas que se publiquen con carácter meramente informativo requieren firma electrónica para ser considerados documentos administrativos.
d) Cualquier documento electrónico emitido por una Administración Pública requerirá que se identifique su origen aunque no forme parte de un expediente administrativo.

3. Señala la opción incorrecta. Las aplicaciones y sistemas de información utilizados para la instrucción por medios electrónicos de los procedimientos deberán:

a) Evitar la simplificación y la publicidad de los documentos.
b) Garantizar el control de los tiempos y plazos.

c) Garantizar la tramitación ordenada de los expedientes.

d) Garantizar la identificación de los órganos responsables de los procedimientos.

4. Según el artículo 21.4 de la Ley 39/2015 (LPACAP), las Administraciones Públicas deben publicar y mantener actualizadas en el portal web, a efectos informativos, las relaciones de procedimientos de su competencia, con indicación de los plazos máximos de duración de los mismos, así como de:

a) Los órganos que los tramitan.

b) Los efectos que produzca el silencio administrativo.

c) Los modelos de petición de información.

d) Los requisitos para la iniciación de los procedimientos a instancia de los interesados.

5. Cuando en virtud de una norma sea preciso remitir el expediente electrónico, se enviará completo, foliado, autentificado y acompañado de:

a) La información auxiliar o de apoyo.

b) La norma que lo sustenta.

c) Un recibo del Registro General.

d) Un índice de los documentos que contenga.

6. No es cierto, conforme al artículo 70.3 de la LPACAP, que, cuando en virtud de una norma sea preciso remitir el expediente electrónico, se enviará:

a) Por partes.

b) Foliado.

c) Autentificado.

d) Acompañado de un índice de los documentos que contenga.

7. En relación con el expediente administrativo, NO es cierto, conforme al artículo 70 de la LPACAP, que:

a) Deban tener formato electrónico.

b) Han de incluir la información que tenga carácter auxiliar o de apoyo.

c) En él ha de constar copia electrónica certificada de la resolución adoptada.

d) Ha de incluir un índice numerado de todos los documentos que contenga cuando se remita.

8. A efectos de la resolución del procedimiento, se solicitarán aquellos informes que sean preceptivos por las disposiciones legales, y los que se juzguen necesarios para resolver, citándose el precepto que los exija o fundamentando, en su caso, la conveniencia de reclamarlos. Según el artículo 80.2 de la LPACAP, deben ser emitidos a través de medios electrónicos, en el plazo, salvo que una disposición o el cumplimiento del resto de los plazos del procedimiento permita o exija otro plazo mayor o menor, de:

a) 10 días.

b) 15 días.

c) 20 días.
d) Un mes.

9. En caso de que excepcionalmente, en un procedimiento, el interesado deba presentar un documento original, tendrá derecho a:

a) Obtener una copia autenticada del documento original.

b) No desprenderse de él, presentándolo únicamente para que el funcionario correspondiente autentifique una copia con la que se quedará, devolviendo el original al interesado.

c) Recuperarlo en un plazo máximo de 30 días.

d) Ninguna norma puede exigir la presentación de documentos originales.

10. En relación con los documentos aportados por los interesados al procedimiento administrativo, no es cierto que:

a) Además de los documentos exigidos por las Administraciones Públicas, los interesados podrán aportar cualquier otro documento que estimen conveniente.

b) Los interesados se responsabilizarán de la veracidad de los documentos que presenten.

c) Las copias que aporten los interesados al procedimiento administrativo tendrán eficacia, exclusivamente en el ámbito de la actividad de las Administraciones Públicas.

d) Los interesados únicamente deberán aportar al procedimiento administrativo los datos y documentos exigidos por las Administraciones Públicas.

11. ¿Cuál de las siguientes afirmaciones en relación con la autenticación de copias es cierta?

a) Las copias auténticas tienen la misma validez que los documentos originales pero distinta eficacia.

b) Las copias auténticas de documentos privados no pueden surtir efectos administrativos.

c) Las copias auténticas realizadas por una Administración Pública solo tienen validez en su ámbito funcional.

d) Los interesados podrán solicitar, en cualquier momento, la expedición de copias auténticas de los documentos públicos administrativos que hayan sido válidamente emitidos por las Administraciones Públicas.

12. Conforme al artículo 53 del RD 203/2021, los documentos presentados por el interesado en soporte papel que por cualquier circunstancia no le puedan ser devueltos en el momento de su presentación, una vez digitalizados, salvo que reglamentariamente la Administración correspondiente establezca un plazo mayor, serán conservados a su disposición para que pueda recogerlos, durante:

a) 3 meses.
b) 6 meses.

c) 1 año.
d) 2 años.

13. A menos que su naturaleza exija otra forma más adecuada de expresión y constancia, los actos administrativos se producirán:

a) Por escrito a través de medios electrónicos.
b) Oralmente.
c) Por escrito en papel.
d) Oralmente a través de medios electrónicos.

14. Conforme al artículo 26.2 de la LPACAP, para ser considerados válidos, los documentos electrónicos deberán:

a) Contener información de naturaleza jurídica archivada en un soporte electrónico según un formato determinado susceptible de identificación y tratamiento diferenciado.
b) Carecer de datos de identificación que puedan permitir su individualización.
c) Incorporar los metadatos mínimos exigidos.
d) Formar parte de un expediente administrativo.

15. No requieren de firma electrónica:

a) Los documentos electrónicos enviados por email.
b) Los documentos electrónicos que se publiquen con carácter meramente informativo.
c) Los documentos electrónicos que formen parte de un expediente administrativo.
d) Los documentos electrónicos en general.

16. Según el artículo 53.1.h) de la Ley 39/2015, de 1 de octubre, del Procedimiento Administrativo Común de las Administraciones Públicas (LPACAP), para cumplir con las obligaciones de pago, los interesados en un procedimiento administrativo:

a) Tienen el deber de cumplir las obligaciones de pago a través de los medios electrónicos previstos en el artículo 98.2 de la LPACAP.
b) Efectuarán el pago, preferentemente, salvo que se justifique la imposibilidad de hacerlo, utilizando la domiciliación bancaria.
c) Efectuarán el pago, salvo que se justifique la imposibilidad de hacerlo, de forma presencial.
d) Tienen derecho a cumplir las obligaciones de pago a través de los medios electrónicos previstos en el artículo 98.2 de la LPACAP.

17. Salvo que una disposición o el cumplimiento del resto de los plazos del procedimiento permita o exija otro plazo mayor o menor, los informes deben emitirse a través de medios electrónicos en el plazo de:

a) 10 días.
b) 15 días.

c) 20 días.
d) 30 días.

18. Las resoluciones de los procedimientos administrativos:

a) Serán siempre motivadas.
b) En ningún caso pueden agravar la situación inicial de los interesados.
c) Se dictarán electrónicamente garantizando la identidad del órgano competente, así como la autenticidad e integridad del documento que se formalice.
d) Podrán expresar los recursos que contra la misma procedan, órgano administrativo o judicial ante el que hubieran de presentarse y plazo para interponerlos.

19. La simplificación administrativa consiste en:

a) Ordenar el procedimiento administrativo conforme a un criterio razonable de tiempo, del coste y de la norma.
b) Agilizar un procedimiento administrativo para que sea lo más económico y lo más ajustado al derecho.
c) Reducir o eliminar documentos, trámites y procedimientos administrativos con el fin de evitar desplazamientos, economizar tiempo y ahorrar costes.
d) Ajustar a la norma.

20. La racionalización y simplificación de procedimientos administrativos puede realizarse a varios niveles. ¿En qué nivel de actuación se descenderá al detalle y particularidades del procedimiento concreto, independiente y complementariamente del proceso de racionalización y simplificación que se haya realizado de la familia a la que pertenece?

a) Primer nivel.
b) Segundo nivel.
c) Tercer nivel.
d) Nivel según la norma.

21. El establecimiento de modelos de declaración, memorias o test de conformidad que faciliten la elaboración de informes preceptivos son:

a) Criterios de simplificación y agilización de los procedimientos.
b) Criterios de reducción de cargas y simplificación documental.
c) Criterios de racionalización de un procedimiento.
d) Criterios de eliminación de documentos.

22. Supone un criterio de reducción de cargas y simplificación documental:

a) La unificación o eliminación de documentos.
b) La agilización de las comunicaciones.

c) La supresión o simplificación de trámites que no aporten valor añadido o que supongan dilaciones del procedimiento, siempre que no afecten a las garantías de las personas interesadas.

d) La supresión o reducción de la documentación requerida a las personas interesadas y su posible sustitución por transmisiones de datos o la presentación de declaraciones responsables.

23. Uno de los principios que propone la Comisión Europea respecto a la forma de reducir las cargas administrativas, que implica verificar que la misma obligación de información no se impone varias veces por canales diferentes y eliminar los casos de solapamiento, es:

a) Reducir la frecuencia.
b) Evitar redundancias.
c) Automatización.
d) Priorización.

24. Una de las medidas directas que permite la reducción de cargas administrativas es:

a) La eliminación o simplificación de trámites.
b) La reducción de plazos.
c) El silencio administrativo.
d) La información y lenguaje administrativos.

25. Entre las medidas indirectas que permite la reducción de cargas administrativas encontramos:

a) La coordinación administrativa.
b) La eliminación de procedimientos.
c) La simplificación documental.
d) La reducción de plazos y silencio administrativo.

Solución al test n.º 7

1. c) Los documentos electrónicos.

2. c) Los documentos electrónicos emitidos por las Administraciones Públicas que se publiquen con carácter meramente informativo requieren firma electrónica para ser considerados documentos administrativos.

3. a) Evitar la simplificación y la publicidad de los documentos.

4. b) Los efectos que produzca el silencio administrativo.

5. d) Un índice de los documentos que contenga.

6. a) Por partes.

7. b) Han de incluir la información que tenga carácter auxiliar o de apoyo.

8. a) 10 días.

9. a) Obtener una copia autenticada del documento original.

10. d) Los interesados únicamente deberán aportar al procedimiento administrativo los datos y documentos exigidos por las Administraciones Públicas.

11. d) Los interesados podrán solicitar, en cualquier momento, la expedición de copias auténticas de los documentos públicos administrativos que hayan sido válidamente emitidos por las Administraciones Públicas.

12. b) 6 meses.

13. a) Por escrito a través de medios electrónicos.

14. c) Incorporar los metadatos mínimos exigidos.

15. b) Los documentos electrónicos que se publiquen con carácter meramente informativo.

16. d) Tienen derecho a cumplir las obligaciones de pago a través de los medios electrónicos previstos en el artículo 98.2 de la LPACAP.

17. a) 10 días.

18. c) Se dictarán electrónicamente garantizando la identidad del órgano competente, así como la autenticidad e integridad del documento que se formalice.

19. c) Reducir o eliminar documentos, trámites y procedimientos administrativos con el fin de evitar desplazamientos, economizar tiempo y ahorrar costes.

20. b) Segundo nivel.

21. a) Criterios de simplificación y agilización de los procedimientos.

22. d) La supresión o reducción de la documentación requerida a las personas interesadas y su posible sustitución por transmisiones de datos o la presentación de declaraciones responsables.

23. b) Evitar redundancias.

24. a) La eliminación o simplificación de trámites.

25. d) La reducción de plazos y silencio administrativo.

El presupuesto de las entidades locales: Elaboración, aprobación y ejecución presupuestaria. Su control y fiscalización

1. Los Presupuestos Generales de las Entidades Locales constituyen de acuerdo con el Texto Refundido de la Ley Reguladora de las Haciendas Locales:

a) La expresión de las obligaciones que, como máximo, pueden reconocer la Entidad y sus Organismos Autónomos.

b) La expresión cifrada, conjunta y sistemática de las obligaciones que, como máximo, pueden reconocer la Entidad y sus Organismos Autónomos.

c) La expresión cifrada, general y sistemática de las obligaciones que, como máximo, pueden reconocer la Entidad y sus Organismos Autónomos.

d) La expresión contable, conjunta y sistemática de las obligaciones que, como máximo, pueden reconocer la Entidad y sus Organismos Autónomos.

2. Las Entidades Locales elaborarán y aprobarán anualmente un Presupuesto General en el que se integrarán:

a) El Presupuesto de los organismos autónomos dependientes.

b) Los estados de previsión de gastos e ingresos de las Sociedades Mercantiles cuyo capital social pertenezca íntegramente a la Entidad Local.

c) Las respuestas a) y b) son correctas.

d) El presupuesto agregado de la propia Entidad.

3. El contenido mínimo de las Bases de Ejecución del Presupuesto deberá incluir:

a) Normas que regulen el procedimiento de ejecución del Presupuesto.

b) Regulación de las transferencias de créditos.

c) Niveles de vinculación jurídica de los créditos.

d) Todas respuestas son correctas.

4. ¿Qué norma regula la estructura de los Presupuestos de las Entidades Locales?

a) Orden EHA/3565/2006, de 3 de diciembre, por la que se aprueba la estructura de los Presupuestos de las Entidades Locales de los bienes de uso privado.

b) Orden EHA/3565/2008, de 3 de diciembre, por la que se aprueba la estructura de los Presupuestos de las Entidades Locales.

c) Orden de 20 de septiembre de 1989 por la que se establece la estructura de los presupuestos de las entidades locales.

d) Orden EHA/3565/2005, de diciembre, por la que se aprueba la estructura de los presupuestos de las entidades locales.

5. Dentro de las áreas de gasto del presupuesto, se incluye en el área de gasto 2 referente a Actuaciones de protección y promoción social:

a) Seguridad y movilidad ciudadana.
b) Pensiones.
c) Cultura.
d) Agricultura, ganadería y pesca.

6. ¿En qué área de gasto se incluye la política de gasto denominada "Infraestructuras"?

a) Actuaciones de carácter económico.
b) Actuaciones de carácter general.
c) Producción de bienes públicos de carácter preferente.
d) Deuda pública.

7. ¿En qué área de gasto se incluye la política de gasto denominada "Administración financiera y tributaria"?

a) Actuaciones de carácter general.
b) Actuaciones de carácter económico.
c) Actuaciones de protección y promoción social.
d) Producción de bienes públicos de carácter preferente.

8. ¿En qué área de gasto se incluye la política de gasto denominada "Sanidad"?

a) Producción de bienes públicos de carácter preferente.
b) Actuaciones de protección y promoción social.
c) Servicios públicos básicos.
d) Actuaciones de carácter general.

9. ¿En qué área de gasto se incluye la política de gasto denominada "Fomento del empleo"?

a) Servicios públicos básicos.
b) Actuaciones de protección y promoción social.

c) Actuaciones de carácter económico.

d) Actuaciones de carácter general.

10. En relación con la Clasificación Económica de los Gastos del Presupuesto de las Entidades Locales se distingue entre:

a) Operaciones abiertas y cerradas.

b) Operaciones limitadas y no limitadas.

c) Operaciones financieras y no financieras.

d) Operaciones a préstamo y liberadas.

11. El Fondo de Contingencia tiene como fin:

a) Atender al abono de los intereses de las operaciones de crédito.

b) Hacer frente a los gastos de contratación del personal laboral.

c) Completar aquellas aplicaciones presupuestarias que necesiten ser ampliadas.

d) Atender a las necesidades imprevistas, inaplazables y no discrecionales, para las que no exista crédito presupuestario o el previsto resulte insuficiente.

12. El Fondo de Contingencia y Otros Imprevistos se ha de incluir obligatoriamente en los Presupuestos:

a) De los municipios con población superior a 5.000 habitantes.

b) De las capitales de provincia.

c) De los municipios con población superior a 15.000 habitantes.

d) De los municipios con población superior a 25.000 habitantes.

13. Respecto a la Clasificación Económica de los Gastos del Presupuesto de las Entidades Locales, dentro del capítulo 1: Gastos de personal, se encuentra el gasto siguiente:

a) Gastos de naturaleza social.

b) Cotizaciones obligatorias de las entidades locales y de sus organismos autónomos a los distintos regímenes de Seguridad Social.

c) Retribuciones fijas y variables.

d) Todas las respuestas son verdaderas.

14. En relación con la Clasificación Económica de los Ingresos del Presupuesto de las Entidades Locales:

a) Se distinguen las operaciones no financieras de las financieras, subdividiéndose las segundas en operaciones corrientes y de capital.

b) Se distinguen las operaciones no financieras de las financieras, subdividiéndose las primeras en operaciones corrientes y de capital.

c) Se distinguen las operaciones no financieras, operaciones corrientes y de capital.

d) Se distinguen las operaciones no financieras de las financieras y de capital.

15. En relación con la Clasificación Económica de los Ingresos del Presupuesto de las Entidades Locales no forman parte de las operaciones corrientes:

a) Impuestos directos.
b) Transferencias de capital.
c) Tasas, precios públicos y otros ingresos.
d) Ingresos patrimoniales.

16. Dentro de los Pasivos Financieros se recoge:

a) El ingreso que obtienen las entidades locales y sus organismos autónomos por la enajenación de activos financieros.
b) La financiación de las entidades locales y sus organismos autónomos procedente de la emisión de Deuda Pública.
c) Las dos respuestas anteriores son correctas.
d) Ninguna respuesta es correcta.

17. ¿Quién forma el presupuesto de la Entidad Local?

a) El Presidente de la entidad.
b) El Interventor.
c) El Secretario.
d) El Tesorero.

18. Deberán unirse al presupuesto como documentación:

a) Anexo de las inversiones a realizar en un plazo de cuatro años.
b) Anexo de personal de la Entidad Local.
c) Liquidación de los presupuestos de ejercicios anteriores.
d) Todas las respuestas son verdaderas.

19. Aprobado inicialmente el presupuesto general, se expondrá al público, previo anuncio en el boletín oficial de la provincia o, en su caso, de la comunidad autónoma uniprovincial:

a) Por quince días.
b) Por treinta días.
c) Por veinte días.
d) Por cuarenta días.

20. El presupuesto se considerará definitivamente aprobado si durante el plazo de alegaciones:

a) No se hubiesen presentado reclamaciones.
b) Se hubieran presentado reclamaciones con falta de motivación.

c) Se hubieran presentado reclamaciones infundadas.

d) Se hubieran presentado reclamaciones extemporáneas o basadas en datos irreales.

21. Únicamente podrán entablarse reclamaciones contra el Presupuesto:

a) Por ser de manifiesta insuficiencia los ingresos con relación a los gastos.

b) Por no haberse ajustado su elaboración a los trámites legalmente establecidos al efecto.

c) Por no haberse ajustado su aprobación a los trámites legalmente establecidos al efecto.

d) Todas las respuestas son válidas.

22. Si al iniciarse el ejercicio económico no hubiese entrado en vigor el presupuesto correspondiente:

a) Se iniciará de nuevo todo el procedimiento de aprobación.

b) Dará lugar a una cuestión de confianza.

c) Se considerará automáticamente prorrogado el del anterior, con sus créditos iniciales.

d) Se adoptará una moción de censura.

23. Los Créditos extraordinarios son:

a) Aquellas modificaciones del Presupuesto de Gastos en los que el crédito previsto resulta insuficiente y no puede ser objeto de ampliación.

b) Aquella modificación del Presupuesto de gastos mediante la que, sin alterar la cuantía total del mismo, se imputa el importe total o parcial de un crédito a otras partidas presupuestarias con diferente vinculación jurídica.

c) Aquellas modificaciones del Presupuesto de Gastos, mediante las que se asigna crédito para la realización de un gasto específico y determinado que no puede demorarse hasta el ejercicio siguiente y para el que no existe crédito.

d) La incorporación de remanentes de crédito de ejercicio anterior.

24. Los créditos extraordinarios y los suplementos de crédito se podrán financiar indistintamente con el siguiente recurso:

a) Con cargo al Remanente Líquido de Tesorería.

b) Mediante anulaciones o bajas de créditos.

c) Las respuestas a y b son correctas.

d) Mediante la venta de bienes patrimoniales de la entidad local.

25. La aprobación de las transferencias de crédito entre distintos grupos de función será competencia:

a) Del órgano que señale las Bases de ejecución del presupuesto.

b) Del Pleno de la Corporación, salvo cuando las bajas y las altas afecten a créditos de personal.

c) Del Presidente de la entidad.
d) Las respuestas b) y c) son correctas.

26. Las transferencias de crédito de cualquier clase estarán sujetas a las siguientes limitaciones:

a) No afectarán a los créditos ampliables.
b) No afectarán a suplementos de crédito concedidos durante el ejercicio.
c) Solo podrán incrementar créditos en un cincuenta por ciento.
d) Las respuestas a) y c) son correctas.

27. Como consecuencia de la liquidación del presupuesto no deberá determinarse:

a) Los remanentes de los presupuestos de los cinco ejercicios anteriores.
b) Los derechos pendientes de cobro y las obligaciones pendientes de pago a 31 de diciembre.
c) El resultado presupuestario del ejercicio.
d) El remanente de Tesorería.

28. A la propuesta de los expedientes de concesión de créditos extraordinarios y suplementos de créditos se habrá de acompañar:

a) Una Memoria justificativa.
b) El estado de ingresos de la entidad.
c) El estado de gastos de la entidad.
d) Las respuestas b) y c) son correctas.

29. Contra la aprobación definitiva del Presupuesto podrá:

a) Interponerse directamente recurso contencioso-administrativo.
b) Interponerse directamente recurso ante el Tribunal de Cuentas.
c) Interponerse recurso de alzada ante el Pleno.
d) Ninguna respuesta es correcta.

30. Tendrán la consideración de interesados para presentar reclamaciones ante la aprobación inicial del presupuesto:

a) Las Cámaras Oficiales.
b) Los Sindicatos.
c) Cualquier ciudadano.
d) Las respuestas a) y b) son correctas.

31. El Presupuesto, con respecto a los gastos, es un/una:

a) Previsión.
b) Límite mínimo.

c) Límite cuantitativo.
d) Cálculo aproximado.

32. Las obligaciones reconocidas y los derechos liquidados se aplicarán a los Presupuestos:

a) Por su importe íntegro.
b) En ningún supuesto.
c) Minorándose.
d) Nada de lo anterior es cierto.

33. Las reglas que deben seguirse en la ejecución del Presupuesto se contienen en la/las/los:

a) Memoria del mismo.
b) Delegaciones de gastos.
c) Bases de Ejecución.
d) Estudios Financieros.

34. A la obligación de la Entidad de destinar los créditos al fin específico que se detalle en la plasmación escrita del Presupuesto, sin poder realizar cambios o traslados de los mismos a otros fines no recogidos en el nivel de que se trate se le denomina:

a) Regulación de las transferencias de créditos.
b) Acumulación de varias fases de la ejecución del Presupuesto.
c) Niveles de vinculación jurídica de los créditos.
d) Disponibilidad presupuestaria.

35. Debe acompañarse como Anexo al Presupuesto General de una Corporación el/los:

a) Presupuestos de los Organismos Autónomos dependientes de la misma.
b) Estados de previsión de gastos e ingresos de las Sociedades Mercantiles de capital íntegro de la Entidad.
c) Estado de consolidación del Presupuesto de la propia Entidad con el de todos los Presupuestos y estados de previsión de sus Organismos Autónomos y Sociedades Mercantiles.
d) Las respuestas a) y b) son ciertas.

36. Asimismo, debe unirse como Anexo el/los:

a) Niveles de vinculación jurídica de los créditos.
b) Presupuesto de los Organismos Autónomos dependientes de la Entidad.
c) Estados de Gastos.
d) Planes y programas de inversión y financiación.

37. Las estimaciones de los distintos recursos económicos a liquidar durante el ejercicio se contienen en/en el:

a) Estado de Ingresos.
b) Estado de previsión de gastos e ingresos.
c) Estado de Gastos.
d) Ninguno de ellos.

38. Por su parte, los créditos necesarios para atender el cumplimiento de las obligaciones ordinarias se contienen en/en el:

a) Estado de Ingresos.
b) Plan de Inversión.
c) Estado de Gastos.
d) Todos los anteriores.

39. El Plan de Inversiones de una Corporación debe coordinarse con el/los:

a) Planes de Etapas del Planeamiento Urbanístico.
b) Programa Financiero o de Financiación.
c) Planes de Inversiones de la Comunidad Autónoma.
d) Las respuestas a) y b) son ciertas.

40. Y debe completarse dicho Plan con el/los:

a) Programa de Actuación del Planeamiento Urbanístico.
b) Planes de Etapas del citado Planeamiento.
c) Planes de Inversión autonómicos.
d) Programa Financiero o de Financiación.

41. Este Plan de Inversiones se formula por un plazo de:

a) Ocho años.
b) Un año, prorrogable uno más.
c) Cuatro años.
d) Dos años.

42. Y se revisa con carácter:

a) Trimestral.
b) Anual.
c) Bianual.
d) Semestral.

43. De este Plan de Inversiones se da cuenta, en un Municipio de régimen común, al/a la:

a) Junta de Gobierno Local, al comienzo de cada ejercicio.
b) Pleno coincidiendo con la aprobación del Presupuesto.
c) Alcalde, cada mes.
d) Opinión pública, al finalizar el mandato de la Corporación.

44. Y al revisarlo:

a) Se liquida el mismo con carácter definitivo.
b) Se le añade un nuevo ejercicio a sus previsiones.
c) Censura la gestión de la Corporación.
d) Nada de lo anterior es correcto.

45. Los Presupuestos que se integran en el Presupuesto General de la Corporación deberán aprobarse:

a) Separadamente de este.
b) Con déficit equilibrado.
c) Sin déficit inicial.
d) Por el Alcalde.

46. Para que, a lo largo del ejercicio económico no se presente déficit en el Presupuesto:

a) Se compensarán en el mismo momento en que se acuerden los decrementos de los créditos y los incrementos de los ingresos.
b) Dicha compensación se efectuará respecto de los decrementos de los ingresos y los incrementos de los créditos.
c) No se llevará a cabo gasto alguno que lo provoque.
d) Se incrementarán los conceptos tributarios vigentes.

47. La estructura de los Presupuestos de las Corporaciones Locales se fija por el:

a) Presidente de las mismas.
b) Ministerio de Hacienda.
c) Pleno de ellas.
d) Interventor General de Fondos respectivo.

48. ¿Quién puede aprobar Reglamentos o Normas generales que desarrollen los procedimientos de ejecución del Presupuesto?

a) El Presidente de la Entidad Local.
b) La Junta General de la Entidad Local.

c) El Pleno de la Entidad Local.

d) El Alcalde de la Entidad Local.

49. Dentro de la clasificación por programas de los gastos, el Área de Gasto 1 se refiere a la:

a) Servicios públicos básicos.

b) Actuaciones de carácter económico.

c) Actuaciones de carácter general.

d) Actuaciones de protección y promoción social.

50. Las áreas de gasto se dividen con carácter inmediato en:

a) Grupos de programas.

b) Políticas de programas.

c) Políticas de gasto.

d) Capítulos de gasto.

51. En la Clasificación Económica de los Gastos no hay Capítulo:

a) De transferencias corrientes.

b) Número diez.

c) De gastos financieros.

d) De activos financieros.

52. Según la Clasificación Económica, los gastos se clasifican, dentro de las operaciones no financieras, en:

a) De obligaciones generales y obligaciones diversas.

b) De actividades generales y económicas.

c) Por objetivos.

d) De operaciones de capital y operaciones corrientes.

53. La política de gasto de los órganos de gobierno de una Corporación Local se incluye en la siguiente área de gasto:

a) 1.

b) 4.

c) 9.

d) 0.

54. Por su parte, la Cultura se incluye en la siguiente área de gasto:

a) 1.

b) 2.

c) 3.

d) 4.

55. Las partidas presupuestarias desarrollan, dentro de la Clasificación Económica de los gastos, los/las:

a) Subfunciones.
b) Subconceptos.
c) Programas.
d) Artículos.

56. El Capítulo 1 de la Clasificación Económica de los Gastos se refiere a:

a) Gastos financieros.
b) Transferencias corrientes.
c) Gastos de Personal.
d) Gastos de servicios.

57. La adquisición de activos financieros por las Entidades Locales, se recoge en el siguiente Capítulo de la Clasificación Económica de los Gastos:

a) 8.
b) 9.
c) 7.
d) 6.

58. Por su parte, dentro de dicha Clasificación, los gastos de indemnizaciones por razón del servicio a los funcionarios se recogen en el siguiente Capítulo:

a) Gastos de Personal.
b) Gastos en bienes corrientes y de servicios.
c) Transferencias corrientes.
d) Gastos Financieros.

59. En la Clasificación Económica de los Ingresos, la financiación de las Entidades procedente de la emisión de deuda pública se recoge en el siguiente Capítulo:

a) Transferencias corrientes.
b) Ingresos patrimoniales.
c) Pasivos Financieros.
d) Transferencias de capital.

60. El Presupuesto de las Entidades Locales legalmente debe aprobarse definitivamente:

a) Antes de concluir el ejercicio económico en el que haya de aplicarse.
b) Antes de concluir el ejercicio económico anterior a aquel en que vaya a regir.
c) Cuando lo estime oportuno la Corporación.
d) En el mes de enero del ejercicio económico a que se refiera.

61. A los efectos anteriores, el Presidente de la Corporación remitirá al Pleno de la misma el proyecto de Presupuesto:

a) Antes del 15 de octubre del año anterior al en que va a regir.
b) Al finalizar el ejercicio económico anterior.
c) Cuando se lo demande el propio Pleno.
d) El primer día hábil del mes de enero del ejercicio económico al que se refiera.

62. En el supuesto de que no esté aprobado el Presupuesto antes del primer día del ejercicio económico a que se refiera:

a) No puede realizarse gasto alguno hasta que no se efectúe dicha aprobación.
b) Incurrirá en responsabilidad contable el Presidente.
c) Deberá incoarse expediente de habilitación de créditos.
d) Se prorroga automáticamente el del ejercicio anterior.

63. La formación del Proyecto de Presupuesto, en un Municipio de régimen común, es competencia del:

a) Pleno de la Corporación.
b) Presidente de la misma.
c) Interventor General de Fondos.
d) Tesorero.

64. El plazo de exposición al público de un Presupuesto, tras su aprobación inicial es de:

a) Treinta días hábiles.
b) Quince días hábiles.
c) Quince días naturales.
d) Un mes.

65. El Pleno de la Corporación tiene de plazo para resolver las reclamaciones presentadas en el período de exposición al público del Presupuesto:

a) Dos meses.
b) Un mes.
c) Treinta días.
d) Veinte días.

66. Debe insertarse el Presupuesto íntegramente en el:

a) Diario de mayor difusión de la Provincia.
b) Boletín Oficial de la Corporación, si lo tuviere.
c) Boletín Oficial de la Provincia.
d) Tablón de Edictos de la Corporación.

67. El Presupuesto entrará en vigor desde:

a) Su aprobación definitiva por el Pleno.

b) La recepción de copia del mismo por la Administración del Estado y de la Comunidad Autónoma respectiva.

c) La publicación en el diario de mayor circulación de la Provincia.

d) El ejercicio correspondiente, una vez publicado en el boletín oficial de la corporación, si lo tuviera, y, resumido por capítulos de cada uno de los presupuestos que lo integran, en el de la provincia o, en su caso, de la Comunidad Autónoma uniprovincial.

68. Contra la aprobación definitiva del Presupuesto el recurso que puede interponerse es:

a) Obligatoriamente, el de reposición como previo a la vía contencioso-administrativa.

b) Ante el Tribunal de Cuentas.

c) El contencioso-administrativo, sin necesidad de previa reposición.

d) El económico-administrativo.

69. El informe del Tribunal de Cuentas está previsto para el supuesto de que:

a) El Presupuesto se apruebe fuera del plazo señalado para ello.

b) Cuando la impugnación se refiera a la nivelación presupuestaria.

c) Se opte por prescindir del período de exposición al público.

d) Se lo pida el Presidente de la Corporación.

70. El acto mediante el cual se declara la existencia de un crédito exigible contra la Entidad derivado de un gasto autorizado y comprometido se denomina:

a) Ordenación de pago.

b) Disposición de gasto.

c) Liquidación de la obligación.

d) Autorización del gasto.

71. Cuando haya de efectuarse un gasto que no tenga crédito previsto en el Presupuesto se:

a) Hace un nuevo Presupuesto.

b) Acude a un suplemento de crédito.

c) Acude a un crédito extraordinario.

d) Utiliza un crédito no afectado.

72. ¿Cómo se denominan aquellas modificaciones del Presupuesto de Gastos en los que, siendo necesario realizar un gasto específico y determinado que no puede demorarse hasta el ejercicio siguiente, el crédito previsto resulta insuficiente y no puede ser objeto de ampliación?

a) Crédito extraordinario.

b) Suplemento de crédito.

c) Ampliación de crédito.
d) Crédito ampliable.

73. El Remanente Líquido de Tesorería, con el que financiar un crédito extraordinario o un suplemento de crédito, se integra por:

a) Mayores ingresos efectivamente recaudados que los previstos.
b) Fondos líquidos y derechos pendientes de cobro.
c) Anulaciones o bajas de créditos.
d) Operaciones especiales de crédito.

74. Se puede acudir a una operación de crédito para dotar un crédito extraordinario o un suplemento de crédito, con el fin de atender nuevos gastos por operaciones corrientes, siempre que la carga financiera de la Entidad no supere el siguiente porcentaje:

a) 25 %.
b) 10 %.
c) 5 %.
d) 50 %.

75. En este caso, la operación de crédito ha de quedar cancelada:

a) Antes de que concluya el ejercicio económico en el que se contraiga.
b) Antes de dos años.
c) Antes de que se renueve la Corporación.
d) Utilizando créditos ampliables.

76. El expediente de habilitación de créditos ha de ser ejecutivo:

a) Después de renovarse la Corporación.
b) En cualquiera de los ejercicios que de mandato tenga la Corporación.
c) En el mismo ejercicio en el que se apruebe.
d) Cuando lo estime oportuno el Alcalde, según las necesidades planteadas.

77. El plazo para resolver una reclamación contra un acuerdo de habilitación de créditos por calamidades públicas es de:

a) Un mes.
b) Quince días.
c) Diez días.
d) Ocho días.

78. Tiene carácter inmediatamente ejecutivo un acuerdo sobre:

a) Habilitación de crédito extraordinario.
b) Habilitación de crédito extraordinario en caso de catástrofe pública.

c) Cualquier suplemento de crédito.
d) Ninguno de los anteriores.

79. La modificación del Presupuesto de gastos mediante la que, sin alterar la cuantía total del mismo, se imputa el importe total o parcial de un crédito a otras partidas presupuestarias con diferente vinculación jurídica se denomina:

a) Habilitación de créditos extraordinarios.
b) Transferencias de crédito.
c) Generaciones de créditos por ingresos.
d) Bajas por anulación.

80. El órgano competente para efectuar la liquidación del Presupuesto, en un Municipio de régimen común, es el/la:

a) Junta de Gobierno Local.
b) Pleno de la Corporación.
c) Tribunal de Cuentas.
d) Alcalde o Presidente.

81. ¿A quién corresponde la incoación del expediente de concesión de crédito extraordinario?

a) Al Pleno de la Entidad local.
b) A la Junta de Gobierno local.
c) Al Secretario de la Corporación local.
d) Al Presidente de la Entidad local.

82. Señala cuál de las siguientes no puede ser una modificación de crédito que se lleve a cabo en los Presupuestos de Gastos de la Entidad y de sus Organismos Autónomos:

a) La incorporación de remanentes de crédito de ejercicio anterior.
b) Las bajas por anulación.
c) La generación de créditos por ingresos.
d) Las transferencias de remanentes de otras entidades.

83. La confección de los estados demostrativos de la liquidación del Presupuesto de la Entidad local, deberá realizarse:

a) Antes del día 1 de marzo del ejercicio siguiente.
b) Antes del día 31 de diciembre del ejercicio actual.
c) Antes del día 31 de octubre del ejercicio siguiente.
d) Antes del día 1 de enero del ejercicio actual.

84. Los remanentes de crédito no estarán integrados por:

a) La diferencia entre los gastos dispuestos o comprometidos y las obligaciones reconocidas.

b) La suma de los créditos disponibles, créditos no disponibles y créditos retenidos pendientes de utilizar.

c) La diferencia entre los gastos reconocidos y las obligaciones pendientes de reconocer.

d) La diferencia entre los gastos autorizados y los gastos comprometidos.

85. Con carácter general, los remanentes de crédito, al cierre del ejercicio:

a) Quedarán anulados y no se podrán incorporar al Presupuesto del ejercicio siguiente.

b) Quedarán anulados pero se podrán incorporar al Presupuesto del ejercicio siguiente.

c) No son anulados y se podrán incorporar al Presupuesto del ejercicio siguiente.

d) Se incorporan al Presupuesto del ejercicio siguiente, en todo caso.

Solución al test n.º 8

1. b) La expresión cifrada, conjunta y sistemática de las obligaciones que, como máximo, pueden reconocer la Entidad y sus Organismos Autónomos.

2. c) Las respuestas a) y b) son correctas.

3. d) Todas respuestas son correctas.

4. b) Orden EHA/3565/2008, de 3 de diciembre, por la que se aprueba la estructura de los Presupuestos de las Entidades Locales.

5. b) Pensiones.

6. a) Actuaciones de carácter económico.

7. a) Actuaciones de carácter general.

8. a) Producción de bienes públicos de carácter preferente.

9. b) Actuaciones de protección y promoción social.

10. c) Operaciones financieras y no financieras.

11. d) Atender a las necesidades imprevistas, inaplazables y no discrecionales, para las que no exista crédito presupuestario o el previsto resulte insuficiente.

12. b) De las capitales de provincia.

13. d) Todas las respuestas son verdaderas.

14. b) Se distinguen las operaciones no financieras de las financieras, subdividiéndose las primeras en operaciones corrientes y de capital.

15. b) Transferencias de capital.

16. b) La financiación de las entidades locales y sus organismos autónomos procedente de la emisión de Deuda Pública.

17. a) El Presidente de la entidad.

18. b) Anexo de personal de la Entidad Local.

19. a) Por quince días.

20. a) No se hubiesen presentado reclamaciones.

21. d) Todas las respuestas son válidas.

22. c) Se considerará automáticamente prorrogado el del anterior, con sus créditos iniciales.

23. c) Aquellas modificaciones del Presupuesto de Gastos, mediante las que se asigna crédito para la realización de un gasto específico y determinado que no puede demorarse hasta el ejercicio siguiente y para el que no existe crédito.

24. c) Las respuestas a y b son correctas.

25. b) Del Pleno de la Corporación, salvo cuando las bajas y las altas afecten a créditos de personal.

26. a) No afectarán a los créditos ampliables.

27. a) Los remanentes de los presupuestos de los cinco ejercicios anteriores.

28. a) Una Memoria justificativa.

29. a) Interponerse directamente recurso contencioso-administrativo.

30. d) Las respuestas a) y b) son correctas.

31. c) Límite cuantitativo.

32. a) Por su importe íntegro.

33. c) Bases de Ejecución.

34. c) Niveles de vinculación jurídica de los créditos.

35. c) Estado de consolidación del Presupuesto de la propia Entidad con el de todos los Presupuestos y estados de previsión de sus Organismos Autónomos y Sociedades Mercantiles.

36. d) Planes y programas de inversión y financiación.

37. a) Estado de Ingresos.

38. c) Estado de Gastos.

39. a) Planes de Etapas del Planeamiento Urbanístico.

40. d) Programa Financiero o de Financiación.

41. c) Cuatro años.

42. b) Anual.

43. b) Pleno coincidiendo con la aprobación del Presupuesto.

44. b) Se le añade un nuevo ejercicio a sus previsiones.

45. c) Sin déficit inicial.

46. b) Dicha compensación se efectuará respecto de los decrementos de los ingresos y los incrementos de los créditos.

47. b) Ministerio de Hacienda.

48. c) El Pleno de la Entidad Local.

49. a) Servicios públicos básicos.

50. c) Políticas de gasto.

51. b) Número diez.

52. d) De operaciones de capital y operaciones corrientes.

53. c) 9.

54. c) 3.

55. b) Subconceptos.

56. c) Gastos de Personal.

57. a) 8.

58. a) Gastos de Personal.

59. c) Pasivos Financieros.

60. b) Antes de concluir el ejercicio económico anterior a aquel en que vaya a regir.

61. a) Antes del 15 de octubre del año anterior en que va a regir.

62. d) Se prorroga automáticamente el del ejercicio anterior.

63. b) Presidente de la misma.

64. b) Quince días hábiles.

65. b) Un mes.

66. b) Boletín Oficial de la Corporación, si lo tuviere.

67. d) El ejercicio correspondiente, una vez publicado en el boletín oficial de la corporación, si lo tuviera, y, resumido por capítulos de cada uno de los presupuestos que lo integran, en el de la provincia o, en su caso, de la Comunidad Autónoma uniprovincial.

68. c) El contencioso-administrativo, sin necesidad de previa reposición.

69. b) Cuando la impugnación se refiera a la nivelación presupuestaria.

70. c) Liquidación de la obligación.

71. c) Acude a un crédito extraordinario.

72. b) Suplemento de crédito.

73. b) Fondos líquidos y derechos pendientes de cobro.

74. a) 25 %.

75. c) Antes de que se renueve la Corporación.

76. c) En el mismo ejercicio en el que se apruebe.

77. d) Ocho días.

78. b) Habilitación de crédito extraordinario en caso de catástrofe pública.

79. b) Transferencias de crédito.

80. d) Alcalde o Presidente.

81. d) Al Presidente de la Entidad local.

82. d) Las transferencias de remanentes de otras entidades.

83. a) Antes del día 1 de marzo del ejercicio siguiente.

84. c) La diferencia entre los gastos reconocidos y las obligaciones pendientes de reconocer.

85. a) Quedarán anulados y no se podrán incorporar al Presupuesto del ejercicio siguiente.

TEST N.º 9

La Ley de contratos del Sector Público (I): Disposiciones Generales. Objeto y ámbito de aplicación de la Ley

1. Están incluidos en el ámbito de la Ley de Contratos del Sector Público:

a) La relación de servicio de los funcionarios públicos y los contratos regulados en la legislación laboral.

b) Las relaciones jurídicas consistentes en la prestación de un servicio público cuya utilización por los usuarios requiera el abono de una tarifa, tasa o precio público de aplicación general.

c) Los contratos relativos a servicios de arbitraje y conciliación.

d) Los contratos onerosos, cualquiera que sea su naturaleza jurídica, que celebren las Mutuas de Accidentes de Trabajo y Enfermedades Profesionales de la Seguridad Social.

2. Conforme al artículo 1.3 de la Ley 9/2017, siempre que guarde relación con el objeto del contrato, en toda contratación pública se incorporarán de manera transversal y preceptiva criterios sociales y:

a) Divulgativos.

b) Comunitarios.

c) Medioambientales.

d) Judiciales.

3. Conforme al artículo 3.4 de la Ley 9/2017, los partidos políticos, cuando cumplan los requisitos para ser poder adjudicador y respecto de los contratos sujetos a regulación armonizada, deberán actuar conforme a los principios de publicidad, concurrencia, transparencia, igualdad y:

a) No discriminación.

b) Eficacia.

c) Sometimiento a las leyes.

d) Legitimidad.

4. Según el artículo 3.2 de la LCSP, tienen la consideración de Administración Pública:

a) Las autoridades administrativas independientes.
b) Las fundaciones públicas.
c) Las Mutuas colaboradoras con la Seguridad Social.
d) Las Entidades Públicas Empresariales.

5. Los consorcios y otras entidades de derecho público, se consideran Administraciones Públicas a efectos de la Ley 9/2017 de Contratos del Sector Público, si se dan las circunstancias establecidas para poder ser considerados poder adjudicador y estando vinculados a una o varias Administraciones Públicas o dependientes de las mismas, no se financien mayoritariamente:

a) Con subvenciones.
b) Con ingresos de mercado.
c) Con tasas e impuestos.
d) Con donaciones.

6. Los fondos sin personalidad jurídica, a efectos de la Ley 9/2017:

a) Tienen la consideración de Administración Pública.
b) Forman parte del Sector Público.
c) Se considerarán poderes adjudicadores.
d) Se consideran fundaciones.

7. La duración de los contratos de arrendamiento de bienes muebles no podrá exceder, incluyendo las posibles prórrogas, de:

a) 3 años.
b) 4 años.
c) 5 años.
d) 7 años.

8. La duración, incluyendo las posibles prórrogas, de los contratos de concesión de obras, y de concesión de servicios que comprendan la ejecución de obras y la explotación de servicio, no podrá exceder de:

a) 10 años.
b) 20 años.
c) 25 años.
d) 40 años.

9. La duración, incluyendo las posibles prórrogas, en los contratos de concesión de servicios que comprendan la explotación de un servicio no relacionado con la prestación de servicios sanitarios, no podrá exceder de:

a) 10 años.
b) 20 años.

c) 25 años.
d) 40 años.

10. Se consideran contratos menores los contratos de suministro o de servicios de valor estimado inferior a:

a) 15.000 euros.
b) 20.000 euros.
c) 30.000 euros.
d) 40.000 euros.

11. La fabricación de bienes muebles podrá efectuarse por los servicios de la Administración, ya sea empleando de forma exclusiva medios propios no personificados o con la colaboración de empresarios particulares cuando pueda obtenerse una mayor celeridad en su ejecución o el ahorro que pueda obtenerse sea superior a (a partir de):

a) El 5 por 100 del presupuesto del suministro.
b) El 10 por 100 del presupuesto del suministro.
c) El 15 por 100 del presupuesto del suministro
d) El 20 por 100 del presupuesto del suministro.

12. Serán objeto de publicación en el perfil de contratante los encargos que realicen las entidades del sector público a un ente calificado como medio propio personificado, y que sin tener la consideración jurídica de contrato su importe (IVA excluido) fuera superior a:

a) 5.000 euros.
b) 10.000 euros.
c) 25.000 euros.
d) 50.000 euros.

13. Sin perjuicio de que se permita el acceso a expedientes anteriores ante solicitudes de información, toda la información contenida en los perfiles de contratante se publicará en formatos abiertos y reutilizables, y permanecerá accesible al público durante un periodo de tiempo no inferior a:

a) 2 años.
b) 3 años.
c) 4 años.
d) 5 años.

14. Por regla general, el acceso a la información del perfil de contratante:

a) Será libre, no requiriendo identificación previa.
b) Estará restringido.

c) Será libre, previa identificación.
d) Precisará previa solicitud motivada de acceso.

15. Los contratos menores cuya información se publica en el perfil de contratante, estarán ordenados:

a) Según la duración de los contratos.
b) Por importe de adjudicación.
c) Por el objeto de los contratos.
d) Por la identidad del adjudicatario.

16. Según el artículo 190 de la Ley 9/2017, el órgano de contratación ostenta, entre otras, la siguiente prerrogativa en relación a los contratos administrativos:

a) El derecho general del órgano de contratación a inspeccionar las instalaciones, oficinas y demás emplazamientos en los que el contratista desarrolle sus actividades.
b) La revisión periódica no predeterminada o no periódica de los precios de los contratos.
c) Suspender la ejecución del contrato.
d) La prórroga del contrato sin necesidad de preaviso.

17. ¿Cuáles de los siguientes contratos que celebren los poderes adjudicadores se perfeccionan de conformidad con la legislación por la que se rijan?

a) Los contratos basados en un acuerdo marco.
b) Los contratos menores.
c) Los contratos específicos en el marco de un sistema dinámico de adquisición.
d) Los contratos subvencionados sujetos a regulación armonizada.

18. A tenor del art. 42 de la Ley de Contratos del Sector Público, la declaración de nulidad de los actos preparatorios del contrato o de la adjudicación, cuando sea firme, llevará en todo caso consigo la del mismo contrato, que entrará en fase de:

a) Suspensión.
b) Ejecución.
c) Cancelación.
d) Liquidación.

19. ¿Cuál de los siguientes contratos que celebren los poderes adjudicadores se perfecciona con su formalización?

a) Contratos basados en un acuerdo marco.
b) Contratos específicos en el marco de un sistema dinámico de adquisición.
c) Contratos adjudicados mediante un procedimiento abierto.
d) Contratos menores.

20. ¿Cuál de las siguientes es una causa de anulabilidad del contrato?

a) El incumplimiento de las circunstancias y requisitos exigidos para la modificación de los contratos.

b) La falta de publicación del anuncio de licitación en el perfil de contratante alojado en la Plataforma de Contratación del Sector Público.

c) Haber llevado a efecto la formalización del contrato, en los casos en que se hubiese interpuesto el recurso especial en materia de contratación sin respetar la suspensión automática del acto recurrido en los casos en que fuera procedente.

d) La falta de capacidad de obrar o de solvencia económica, financiera, técnica o profesional.

21. Por cuál de las siguientes razones, en virtud del artículo 39.2 de la Ley 9/2017, los contratos celebrados por poderes adjudicadores serán nulos de pleno derecho:

a) Los encargos que acuerden los poderes adjudicadores para la ejecución directa de prestaciones a través de medios propios, cuando no observen alguno de los requisitos establecidos relativos a la condición de medio propio.

b) El incumplimiento de las circunstancias y requisitos exigidos para la modificación de los contratos.

c) Todas aquellas disposiciones, resoluciones, cláusulas o actos emanados de cualquier poder adjudicador que otorguen, de forma directa o indirecta, ventajas a las empresas que hayan contratado previamente con cualquier Administración.

d) El incumplimiento de las normas establecidas para la adjudicación de los contratos basados en un acuerdo marco celebrado con varios empresarios o de los contratos específicos basados en un sistema dinámico de adquisición en el que estuviesen admitidos varios empresarios, siempre que dicho incumplimiento hubiera determinado la adjudicación del contrato de que se trate a otro licitador.

22. Son susceptibles de recurso especial los contratos de obras cuyo valor estimado sea superior a (a partir de):

a) 100.000 euros.
b) 500.000 euros.
c) 1 millón de euros.
d) 3 millones de euros.

23. Son susceptibles de recurso especial los contratos de servicios cuyo valor estimado sea superior a (a partir de):

a) 100.000 euros.
b) 500.000 euros.
c) 1 millón de euros.
d) 3 millones de euros.

24. Será requisito indispensable que el empresario se encuentre debidamente clasificado como contratista de obras de los poderes adjudicadores, para los contratos de obras cuyo valor estimado sea igual o superior a:

a) 300.000 euros.
b) 500.000 euros.
c) 800.000 euros.
d) 1.000.000 euros.

25. La clasificación de las empresas tendrá una vigencia de:

a) Dos años.
b) Tres años.
c) Cinco años.
d) Indefinida, en tanto se mantengan por el empresario las condiciones y circunstancias en que se basó su concesión.

26. Para la conservación de la clasificación de una empresa para contratar con la Administración Pública, deberá justificarse el mantenimiento de la solvencia técnica y profesional:

a) Anualmente.
b) Cada tres años.
c) Cada cinco años.
d) Cada diez años.

27. Conforme al artículo 99 de la Ley 9/2017, el objeto de los contratos del sector público deberá ser:

a) Determinado.
b) Fraccionado.
c) Motivado.
d) Concertado.

28. El límite máximo de gasto que en virtud del contrato puede comprometer el órgano de contratación, incluido el Impuesto sobre el Valor Añadido, constituye:

a) El valor estimado del contrato.
b) El precio del contrato.
c) El presupuesto base de licitación.
d) El objeto del contrato.

29. ¿En cuál de los siguientes contratos el valor estimado será determinado por el órgano de contratación a partir del importe neto de la cifra de negocios que estima generará la empresa contratista durante la ejecución del mismo como contraprestación?

a) Contrato de Servicios.
b) Contrato de Obras.
c) Contrato de Suministros.
d) Contrato de Concesión de Obras.

30. En relación al valor estimado de los contratos, es cierto que:

a) En el cálculo del valor estimado, únicamente deberán tenerse en cuenta los costes derivados de la aplicación de las normativas laborales vigentes.
b) En la determinación del valor estimado se ha de incluir el impuesto sobre el valor añadido.
c) En el cálculo del valor estimado deberá tenerse en cuenta cualquier forma de opción eventual y las eventuales prórrogas del contrato.
d) El método de cálculo aplicado por el órgano de contratación para calcular el valor estimado no podrá figurar en los pliegos de cláusulas administrativas particulares.

31. Los contratos del sector público tendrán siempre un precio:

a) Justo.
b) Cierto.
c) Aproximado.
d) Mínimo.

32. Previa justificación en el expediente, la revisión periódica y predeterminada de precios se podrá llevar a cabo en todos los contratos del siguiente tipo:

a) En los contratos de obra.
b) En los contratos de concesión de obra.
c) En los contratos de suministros.
d) En los contratos de servicios.

33. ¿Cuál de los siguientes costes en un contrato puede ser revisable en algunos casos?

a) Los costes asociados a las amortizaciones.
b) El beneficio industrial.
c) Los gastos generales.
d) Los costes de mano de obra.

34. La condición relativa al porcentaje del 20% de ejecución del contrato no será exigible a efectos de proceder a la revisión periódica y predeterminada en los contratos:

a) De obras.
b) De servicios.
c) De suministros.
d) De concesión de servicios.

35. En los acuerdos marco y en los sistemas dinámicos de adquisición, el importe de la garantía provisional, de exigirse, estará limitada al:

a) 3 por 100 del valor estimado del contrato.
b) 5 por 100 del valor estimado del contrato.
c) 7 por 100 del valor estimado del contrato.
d) 10 por 100 del valor estimado del contrato.

Solución al test n.º 9

1. d) Los contratos onerosos, cualquiera que sea su naturaleza jurídica, que celebren las Mutuas de Accidentes de Trabajo y Enfermedades Profesionales de la Seguridad Social.

2. c) Medioambientales.

3. a) No discriminación.

4. a) Las autoridades administrativas independientes.

5. b) Con ingresos de mercado.

6. b) Forman parte del Sector Público.

7. c) 5 años.

8. d) 40 años.

9. c) 25 años.

10. a) 15.000 euros.

11. d) El 20 por 100 del presupuesto del suministro.

12. d) 50.000 euros.

13. d) 5 años.

14. a) Será libre, no requiriendo identificación previa.

15. d) Por la identidad del adjudicatario.

16. c) Suspender la ejecución del contrato.

17. d) Los contratos subvencionados sujetos a regulación armonizada.

18. d) Liquidación.

19. c) Contratos adjudicados mediante un procedimiento abierto.

20. a) El incumplimiento de las circunstancias y requisitos exigidos para la modificación de los contratos.

21. d) El incumplimiento de las normas establecidas para la adjudicación de los contratos basados en un acuerdo marco celebrado con varios empresarios o de los contratos específicos basados en un sistema dinámico de adquisición en el que estuviesen admitidos varios empresarios, siempre que dicho incumplimiento hubiera determinado la adjudicación del contrato de que se trate a otro licitador.

22. d) 3 millones de euros.

23. a) 100.000 euros.

24. b) 500.000 euros.

25. d) Indefinida, en tanto se mantengan por el empresario las condiciones y circunstancias en que se basó su concesión.

26. b) Cada tres años.

27. a) Determinado.

28. c) El presupuesto base de licitación.

29. d) Contrato de Concesión de Obras.

30. c) En el cálculo del valor estimado deberá tenerse en cuenta cualquier forma de opción eventual y las eventuales prórrogas del contrato.

31. b) Cierto.

32. a) En los contratos de obra.

33. d) Los costes de mano de obra.

34. d) De concesión de servicios.

35. a) 3 por 100 del valor estimado del contrato.

TEST N.º 10

La Ley de contratos del Sector Público (II): Contratos del Sector Público

1. Los contratos que tienen por objeto la adquisición, el arrendamiento financiero, o el arrendamiento, con o sin opción de compra, de productos o bienes muebles, son:

a) Contratos de servicios.
b) Contratos de suministro.
c) Contratos de obras.
d) Contratos de gestión de servicios públicos.

2. No se consideran contratos de suministros:

a) Aquellos en los que el empresario se obligue a entregar una pluralidad de bienes de forma sucesiva y por precio unitario sin que la cuantía total se defina con exactitud al tiempo de celebrar el contrato, por estar subordinadas las entregas a las necesidades del adquirente.
b) Los que tengan por objeto la adquisición y el arrendamiento de equipos y sistemas de telecomunicaciones o para el tratamiento de la información, sus dispositivos y programas, y la cesión del derecho de uso de estos últimos.
c) Los de adquisición de programas de ordenador desarrollados a medida.
d) Los de fabricación, por los que la cosa o cosas que hayan de ser entregadas por el empresario deban ser elaboradas con arreglo a características peculiares fijadas previamente por la entidad contratante, aun cuando esta se obligue a aportar, total o parcialmente, los materiales precisos.

3. Están sujetos a regulación armonizada los contratos de obras y los contratos de concesión de obras públicas cuyo valor estimado sea igual o superior a:

a) 5.538.000 euros.
b) 6.581.000 euros.
c) 8.615.000 euros.
d) 1.861.000 euros.

4. De los siguientes, son contratos privados los contratos celebrados por una Administración Pública que tengan por objeto:

a) La suscripción a revistas, publicaciones periódicas y bases de datos.
b) La concesión de servicios públicos.
c) Los contratos de colaboración entre el sector público y el sector privado.
d) La adquisición de suministros.

5. Un conjunto de trabajos de construcción o de ingeniería civil, destinado a cumplir por sí mismo una función económica o técnica, que tenga por objeto un bien inmueble, es denominado por la Ley 9/2017:

a) Una infraestructura.
b) Patrimonio material.
c) Una obra.
d) Un servicio público.

6. En un contrato de concesión de obras, cuando no esté garantizado que, en condiciones normales de funcionamiento, el concesionario vaya a recuperar las inversiones realizadas ni a cubrir los costes en que hubiera incurrido como consecuencia de la explotación de las obras que sean objeto de la concesión, se considerará que el mismo asume un riesgo:

a) Operacional.
b) Virtual.
c) General.
d) Provisional.

7. Los contratos que tengan por objeto la adquisición de energía primaria o energía transformada se consideran:

a) Contratos de concesión de servicios.
b) Contratos de suministros.
c) Contratos privados.
d) Contratos de servicios.

8. Deberá elaborarse un proyecto y tramitarse como la Ley 9/2017 dispone para los contratos de obras, el contrato mixto en que un elemento del contrato sea una obra y esta supere:

a) Los 50.000 euros.
b) Los 100.000 euros.
c) Los 5.000 euros.
d) Los 10.000 euros.

9. No podrán ser objeto de los contratos de servicios:

a) Los que impliquen ejercicio de la autoridad inherente a los poderes públicos.

b) Los que impliquen el desarrollo o mantenimiento de aplicaciones informáticas.

c) Los que tengan por objeto el desarrollo y la puesta a disposición de productos protegidos por un derecho de propiedad intelectual o industrial.

d) Los que tengan por objeto la prestación de actividades docentes en centros del sector público desarrolladas en forma de cursos de formación o perfeccionamiento del personal al servicio de la Administración.

10. Los contratos celebrados por entidades del sector público que siendo poder adjudicador no reúnan la condición de Administraciones Públicas, tienen la consideración de:

a) Contratos administrativos.

b) Contratos privados.

c) Contratos administrativos especiales.

d) Contratos mixtos.

11. Para la Directiva 2014/23/UE, de 26 de febrero de 2014, relativa a la adjudicación de contratos de concesión, el criterio delimitador del contrato de concesión de servicios respecto del contrato de servicios es:

a) La cuantificación del coste.

b) Quién asume el riesgo operacional.

c) La exigencia o no de la clasificación del empresario.

d) La publicación en boletín oficial.

12. Según el art. 13.3 de la Ley 9/2017, de 8 de noviembre, de Contratos del Sector Público, los contratos de obras se referirán:

a) A una obra completa.

b) A una superficie acotada.

c) A un área concreta.

d) A un plan urbanístico determinado.

13. ¿Qué tipo de contrato fue suprimido por la Ley 9/2017 de Contratos del Sector Público?

a) El contrato de servicios.

b) El contrato mixto.

c) El contrato de concesión de servicios.

d) El contrato de colaboración público-privada.

14. En los casos en que un elemento del contrato mixto sea una obra, deberá elaborarse un proyecto y tramitarse cómo para los contratos de obras, a partir de que la obra supere:

a) Los 20.000 euros.
b) Los 50.000 euros.
c) Los 100.000 euros.
d) Los 250.000 euros.

15. ¿En qué tipo de contratos se ha de justificar adecuadamente en el expediente el informe de insuficiencia de medios?

a) En los contratos de servicios.
b) En los contratos de suministros.
c) En los contratos de concesión de obras.
d) En los contratos de obras.

16. Las prescripciones técnicas de los contratos:

a) Proporcionarán a los empresarios acceso en condiciones de igualdad al procedimiento de contratación.
b) Tienen por efecto la creación de obstáculos, justificados o no, a la apertura de la contratación pública a la competencia.
c) Son especificaciones de cumplimiento voluntario aprobadas por organismos de normalización.
d) Son documentos elaborados por los organismos europeos de normalización, distintos de las normas europeas, con arreglo a procedimientos adaptados a la evolución de las necesidades del mercado.

17. En relación con las consultas preliminares del mercado para la preparación del contrato, es cierto que:

a) De las consultas realizadas se ha de intentar obtener un objeto contractual tan concreto y delimitado que únicamente se ajuste a las características técnicas de uno de los consultados.
b) Las consultas realizadas podrán comportar ventajas respecto de la adjudicación del contrato para las empresas participantes en aquellas.
c) Durante el proceso de consultas, el órgano de contratación podrá revelar a los participantes en el mismo las soluciones propuestas por los otros participantes.
d) Con carácter general, el órgano de contratación al elaborar los pliegos deberá tener en cuenta los resultados de las consultas realizadas.

18. El plazo de inicio de la ejecución de un contrato calificado de urgente, no podrá exceder, a contar desde la formalización, de:

a) 10 días.
b) 20 días.

c) Un mes.
d) Tres meses.

19. El artículo 127 de la Ley de Contratos del Sector Público, define como "cualquier documento, certificado o acreditación que confirme que las obras, productos, servicios, procesos o procedimientos de que se trate cumplen determinados requisitos" a:

a) La prescripción técnica.
b) La etiqueta.
c) La clasificación.
d) El expediente de contratación.

20. En los casos de tramitación urgente de los expedientes correspondientes a los contratos cuya celebración responda a una necesidad inaplazable o cuya adjudicación sea preciso acelerar por razones de interés público, una vez formalizados, el plazo de inicio de la ejecución del contrato no podrá ser superior a:

a) 15 días hábiles.
b) 20 días naturales.
c) 1 mes.
d) 2 meses.

21. Cuando la Administración tenga que actuar de manera inmediata a causa de acontecimientos catastróficos, de situaciones que supongan grave peligro o de necesidades que afecten a la defensa nacional:

a) El órgano de contratación, sin obligación de tramitar expediente administrativo, podrá ordenar la ejecución de lo necesario para remediar el acontecimiento producido o satisfacer la necesidad sobrevenida, o contratar libremente su objeto, en todo o en parte, sin sujetarse a los requisitos formales establecidos en la Ley de Contratos del Sector Público, incluso el de la existencia de crédito suficiente.

b) El órgano de contratación, podrá ordenar la ejecución de lo necesario para remediar el acontecimiento producido o satisfacer la necesidad sobrevenida, o contratar libremente su objeto, en todo o en parte, una vez tramite el correspondiente expediente administrativo.

c) El órgano de contratación, sin obligación de tramitar expediente administrativo, ordenará la ejecución de lo necesario para remediar el acontecimiento producido o satisfacer la necesidad sobrevenida, o contratar libremente su objeto, en todo o en parte, con sujeción a los requisitos formales establecidos en la Ley de Contratos del Sector Público.

d) El órgano de contratación, sin obligación de tramitar expediente administrativo, podrá ordenar la ejecución de lo necesario para remediar el acontecimiento producido o satisfacer la necesidad sobrevenida, o contratar libremente su objeto, en todo o en parte, sin sujetarse a los requisitos formales establecidos en la Ley de Contratos del Sector Público, salvo el de la existencia de crédito suficiente.

22. Cuando solo se utilice un criterio de adjudicación, este ha de relacionarse, necesariamente con:

a) La calidad.

b) Las características vinculadas con la satisfacción de exigencias sociales que respondan a necesidades, definidas en las especificaciones del contrato, propias de las categorías de población especialmente desfavorecidas a las que pertenezcan los usuarios o beneficiarios de las prestaciones a contratar.

c) El plazo de ejecución o entrega de la prestación.

d) Los costes.

23. La valoración de más de un criterio de adjudicación procederá, en particular, en la adjudicación de los siguientes contratos:

a) En cualquier contrato de suministros.

b) Aquellos cuyos proyectos o presupuestos hayan podido ser establecidos previamente.

c) Aquellos que requieran el empleo de tecnología especialmente avanzada o cuya ejecución sea particularmente compleja.

d) Contratos de servicios en que las prestaciones estén perfectamente definidas técnicamente y no sea posible variar los plazos de entrega ni introducir modificaciones de ninguna clase en el contrato.

24. En los contratos que tengan por objeto prestaciones de carácter intelectual, los criterios relacionados con la calidad deberán representar, al menos:

a) El 40% de la puntuación asignable en la valoración de las ofertas.

b) El 50% de la puntuación asignable en la valoración de las ofertas.

c) El 51% de la puntuación asignable en la valoración de las ofertas.

d) El 60% de la puntuación asignable en la valoración de las ofertas.

25. El órgano de contratación señalará el número mínimo de empresarios a los que invitará a participar en un procedimiento restringido, que no podrá ser inferior a:

a) Tres.

b) Cinco.

c) Siete.

d) Diez.

26. ¿En cuál de los siguientes casos se considerará que la oferta presentada en una licitación es inaceptable?

a) Cuando se haya recibido fuera de plazo.

b) Cuando muestre indicios de colusión o corrupción.

c) Cuando haya sido considerada anormalmente baja por el órgano de contratación.
d) Cuando haya sido presentada por licitador que no posea la cualificación requerida.

27. En relación a la formalización del contrato, ¿pueden las entidades del sector público contratar verbalmente?

a) No, en ningún caso.
b) Solo cuando se trate de contratos menores.
c) Solo cuando el contrato tenga carácter de emergencia.
d) Solo en caso de contratos de suministros no sujetos a regulación armonizada.

28. Los pliegos de cláusulas administrativas particulares deberán aprobarse:

a) En todo caso, previamente a la autorización del gasto, conjuntamente a la licitación del contrato.
b) Una vez adjudicado el contrato.
c) Conjuntamente con la autorización del gasto y la licitación del contrato.
d) Previamente a la autorización del gasto o conjuntamente con ella, y siempre antes de la licitación del contrato, o de no existir esta, antes de su adjudicación.

29. En los expedientes calificados de urgentes, los expedientes gozarán de preferencia para su despacho por los distintos órganos que intervengan en la tramitación, que dispondrán de un plazo para emitir los respectivos informes o cumplimentar los trámites correspondientes, de:

a) 5 días.
b) 7 días.
c) 10 días.
d) 15 días.

30. Salvo que lo justifique el objeto del contrato, las prescripciones técnicas no harán referencia a una fabricación o una procedencia determinada, o a un procedimiento concreto que caracterice a los productos o servicios ofrecidos por un empresario determinado, o a marcas, patentes o tipos, o a un origen o a una producción determinados, con la finalidad de favorecer o descartar ciertas empresas o ciertos productos. Tal referencia se autorizará, con carácter excepcional, en el caso en que no sea posible hacer una descripción lo bastante precisa e inteligible del objeto del contrato, en cuyo caso irá acompañada de la mención:

a) "O equivalente".
b) "O parecido".
c) "O genérico".
d) "O copia autorizada".

31. Una vez adjudicado el contrato, ¿puede modificarse el pliego de prescripciones técnicas particulares?

a) No, en ningún caso.
b) Sólo por error material, de hecho o aritmético.
c) Sólo cuando no afecte al precio.
d) Sí, siempre que se motive la modificación.

32. Conforme al artículo 198.5 de la Ley 9/2017, el contratista podrá proceder, en su caso, a la suspensión del cumplimiento del contrato, debiendo comunicar a la Administración, con un mes de antelación, tal circunstancia, a efectos del reconocimiento de los derechos que puedan derivarse de dicha suspensión, por demora en el pago superior a (a partir de):

a) 3 meses.
b) 4 meses.
c) 6 meses.
d) 9 meses.

33. En relación con la ejecución de los contratos, es cierto que:

a) Cuando el contratista, por causas imputables al mismo, hubiere incumplido parcialmente la ejecución de las prestaciones definidas en el contrato, la Administración deberá resolver el contrato.
b) La constitución en mora del contratista precisará intimación previa por parte de la Administración.
c) Será obligación del contratista indemnizar todos los daños y perjuicios que se causen a terceros como consecuencia de las operaciones que requiera la ejecución del contrato.
d) Los contratistas que tengan derecho de cobro frente a la Administración, no podrán ceder el mismo.

34. En cualquier caso, una modificación del contrato se considerará sustancial cuando:

a) La modificación introduzca condiciones que, de haber figurado en el procedimiento de contratación inicial, habrían permitido la selección de candidatos distintos de los seleccionados inicialmente.
b) La modificación altere el equilibrio económico del contrato en beneficio del contratista de una manera que no estaba prevista en el contrato inicial.
c) La modificación amplíe el ámbito del contrato.
d) La modificación introduzca condiciones que, de haber figurado en el procedimiento de contratación inicial, habría atraído a menos participantes.

35. Se considerará que una modificación de un contrato de obras amplía de forma importante el ámbito del contrato si el valor de la modificación supone una alteración en la cuantía del contrato que excede, aislada o conjuntamente, del (a partir de):

a) 15 por ciento del precio inicial del mismo, IVA excluido.
b) 30 por ciento del precio inicial del mismo, IVA excluido.
c) 50 por ciento del precio inicial del mismo, IVA excluido.
d) 75 por ciento del precio inicial del mismo, IVA excluido.

36. Será causa de resolución del contrato el retraso injustificado sobre el plan de trabajos establecido en el pliego o en el contrato, en cualquier actividad, por un plazo, incluidas las posibles prórrogas, superior a (a partir de):

a) La mitad del plazo de duración inicial del contrato.
b) Un tercio del plazo de duración inicial del contrato.
c) Un cuarto del plazo de duración inicial del contrato.
d) Un quinto del plazo de duración inicial del contrato.

37. En relación con la subcontratación, es cierto que:

a) En los contratos de obras, los contratos de servicios o los servicios o trabajos de colocación o instalación en el contexto de un contrato de suministro, los órganos de contratación podrán establecer en los pliegos que determinadas tareas críticas no puedan ser objeto de subcontratación, debiendo ser estas ejecutadas directamente por el contratista principal.
b) Los subcontratistas tendrán acción directa frente a la Administración contratante por las obligaciones contraídas con ellos por el contratista como consecuencia de la ejecución del contrato principal y de los subcontratos.
c) El contratista podrá concertar bajo su riesgo la ejecución parcial del contrato con personas inhabilitadas para contratar.
d) Los subcontratos tendrán en todo caso naturaleza administrativa.

38. La Administración tendrá la obligación de abonar el precio dentro del siguiente plazo a contar desde la fecha de aprobación de las certificaciones de obra o de los documentos que acrediten la conformidad con lo dispuesto en el contrato de los bienes entregados o servicios prestados:

a) 15 días.
b) 30 días.
c) 2 meses.
d) 3 meses.

39. En virtud del art. 193 de la Ley de Contratos del Sector Público, el órgano de contratación estará facultado para proceder a la resolución del mismo o acordar la continuidad de su ejecución con imposición de nuevas penalidades, cada vez que las penalidades por demora alcancen:

a) Sumas de 10.000 euros.
b) Un múltiplo del 10 por 100 del precio del contrato.
c) Sumas de 25.000 euros.
d) Un múltiplo del 5 por 100 del precio del contrato.

40. Conforme al art. 197 del Texto Refundido de la Ley de Contratos del Sector Público, la ejecución del contrato se realizará a riesgo y .... del contratista, sin perjuicio de lo establecido para el contrato de obras en casos de fuerza mayor. Señalar la palabra correcta que falta en la anterior frase:

a) Responsabilidad.
b) Cuenta.
c) Fortuna.
d) Ventura.

Solución al test n.º 10

1. b) Contratos de suministro.

2. c) Los de adquisición de programas de ordenador desarrollados a medida.

3. a) 5.538.000 euros.

4. a) La suscripción a revistas, publicaciones periódicas y bases de datos.

5. c) Una obra.

6. a) Operacional.

7. b) Contratos de suministros.

8. a) Los 50.000 euros.

9. a) Los que impliquen ejercicio de la autoridad inherente a los poderes públicos.

10. b) Contratos privados.

11. b) Quién asume el riesgo operacional.

12. a) A una obra completa.

13. d) El contrato de colaboración público-privada.

14. b) Los 50.000 euros.

15. a) En los contratos de servicios.

16. a) Proporcionarán a los empresarios acceso en condiciones de igualdad al procedimiento de contratación.

17. d) Con carácter general, el órgano de contratación al elaborar los pliegos deberá tener en cuenta los resultados de las consultas realizadas.

18. c) Un mes.

19. b) La etiqueta.

20. c) 1 mes.

21. a) El órgano de contratación, sin obligación de tramitar expediente administrativo, podrá ordenar la ejecución de lo necesario para remediar el acontecimiento producido o satisfacer la necesidad sobrevenida, o contratar libremente su objeto, en todo o en parte, sin sujetarse a los requisitos formales establecidos en la Ley de Contratos del Sector Público, incluso el de la existencia de crédito suficiente.

22. d) Los costes.

23. c) Aquellos que requieran el empleo de tecnología especialmente avanzada o cuya ejecución sea particularmente compleja.

24. c) El 51% de la puntuación asignable en la valoración de las ofertas.

25. b) Cinco.

26. d) Cuando haya sido presentada por licitador que no posea la cualificación requerida.

27. c) Solo cuando el contrato tenga carácter de emergencia.

28. d) Previamente a la autorización del gasto o conjuntamente con ella, y siempre antes de la licitación del contrato, o de no existir esta, antes de su adjudicación.

29. a) 5 días.

30. a) "O equivalente".

31. b) Sólo por error material, de hecho o aritmético.

32. b) 4 meses.

33. c) Será obligación del contratista indemnizar todos los daños y perjuicios que se causen a terceros como consecuencia de las operaciones que requiera la ejecución del contrato.

34. a) La modificación introduzca condiciones que, de haber figurado en el procedimiento de contratación inicial, habrían permitido la selección de candidatos distintos de los seleccionados inicialmente.

35. a) 15 por ciento del precio inicial del mismo, IVA excluido.

36. b) Un tercio del plazo de duración inicial del contrato.

37. a) En los contratos de obras, los contratos de servicios o los servicios o trabajos de colocación o instalación en el contexto de un contrato de suministro, los órganos de contratación podrán establecer en los pliegos que determinadas tareas críticas no puedan ser objeto de subcontratación, debiendo ser estas ejecutadas directamente por el contratista principal.

38. b) 30 días.

39. d) Un múltiplo del 5 por 100 del precio del contrato.

40. d) Ventura.

TEST N.º 11

La actividad subvencional de las Administraciones Públicas (I). La Ley 38/2003, 17 de noviembre, General de Subvenciones: Ámbito de aplicación y disposiciones a las subvenciones públicas comunes

1. Las subvenciones están reguladas por:

a) La Ley 38/2003, de 17 de noviembre, General de Subvenciones.
b) El Decreto 26/2010, de 4 de mayo.
c) La Ley 5/2019, de 21 de febrero.
d) Todas las anteriores respuestas son correctas.

2. No tienen carácter de subvenciones:

a) Las prestaciones contributivas y no contributivas del Sistema de la Seguridad Social.
b) Las pensiones asistenciales por ancianidad a favor de los españoles no residentes en España, en los términos establecidos en su normativa reguladora.
c) Las prestaciones reconocidas por el Fondo de Garantía Salarial.
d) Todas las respuestas anteriores son correctas.

3. Señala cuál de las siguientes afirmaciones no es correcta:

a) Las transferencias se destinan a financiar operaciones o actividades no singularizadas, por lo que no están afectadas a un fin concreto.
b) Las transferencias se destinan a financiar operaciones de organismos, entidades o empresas generalmente dependientes de la propia Administración transferente, o al menos se trata de un ente público, por lo que no existe un desplazamiento patrimonial real, ya que tan solo conlleva un desplazamiento en la gestión de los fondos.
c) Las transferencias no están sujetas a ningún régimen de justificación, a diferencia de las subvenciones.
d) Las transferencias son un gasto público.

4. Las subvenciones pueden ser:

a) Comunes.
b) Nominativas.
c) Especiales.
d) Singulares.

5. La gestión de las subvenciones no se realizará de acuerdo con los siguientes principios:

a) Publicidad, transparencia, concurrencia, objetividad, igualdad y no discriminación.
b) Economía en el gasto.
c) Eficacia en el cumplimiento de los objetivos fijados por la Administración otorgante.
d) Eficiencia en la asignación y utilización de los recursos públicos.

6. La concesión de subvenciones requerirá la previa autorización del Consejo de Ministros o, en el caso de que así lo establezca la normativa reguladora de la subvención, de la Comisión Delegada del Gobierno para Asuntos Económicos, en cuantía superior a:

a) 6 millones de euros.
b) 8 millones de euros.
c) 12 millones de euros.
d) 15 millones de euros.

7. Las facultades para conceder subvenciones:

a) Podrán ser objeto de desconcentración mediante real decreto acordado en Consejo de Ministros.
b) No pueden ser objeto de desconcentración.
c) Podrán ser objeto de descentralización mediante real decreto acordado en Consejo de Ministros.
d) Podrán ser objeto de desconcentración mediante Orden acordada por la persona titular del Ministerio de Hacienda.

8. Salvo que por la naturaleza de la subvención se exceptúe por su normativa reguladora, no podrán obtener la condición de beneficiario o entidad colaboradora de las subvenciones reguladas en la Ley 38/2003 las personas o entidades en quienes concurra:

a) Haber sido condenadas mediante sentencia firme a la pena de pérdida de la posibilidad de obtener subvenciones o ayudas públicas o por delitos de prevaricación, cohecho, malversación de caudales públicos, tráfico de influencias, fraudes y exacciones ilegales o delitos urbanísticos.
b) Haber dado lugar, por causa de la que hubiesen sido declarados culpables, a la resolución firme de cualquier contrato celebrado con la Administración.

c) No hallarse al corriente en el cumplimiento de las obligaciones tributarias o frente a la Seguridad Social impuestas por las disposiciones vigentes, en la forma que se determine reglamentariamente.

d) Todas las respuestas anteriores son correctas.

9. Las personas físicas y jurídicas, distintas de las entidades de derecho público, con ánimo de lucro sujetas a la Ley 3/2004, de 29 de diciembre, deberán acreditar cumplir los plazos de pago que se establecen en la citada Ley para obtener la condición de beneficiario o entidad colaboradora para subvenciones de importe superior a:

a) 5.000 euros.
b) 10.000 euros.
c) 20.000 euros.
d) 30.000 euros.

10. Salvo que las bases reguladoras prevean otro plazo o momento de acreditación, ésta se efectuará en el plazo de:

a) 5 días hábiles desde la notificación de la propuesta de resolución provisional a los interesados para los que se propone la concesión de la subvención.

b) 10 días hábiles desde la notificación de la propuesta de resolución provisional a los interesados para los que se propone la concesión de la subvención.

c) 15 días hábiles desde la notificación de la propuesta de resolución provisional a los interesados para los que se propone la concesión de la subvención.

d) 20 días hábiles desde la notificación de la propuesta de resolución provisional a los interesados para los que se propone la concesión de la subvención.

11. El convenio de colaboración, en principio, no podrá tener un plazo de vigencia superior a:

a) Tres años.
b) Cuatro años.
c) Cinco años.
d) Diez años.

12. En relación con la pregunta anterior, si bien podrá preverse en el mismo su modificación y su prórroga por mutuo acuerdo de las partes antes de la finalización de aquél, sin que la duración total de las prórrogas pueda ser superior a la vigencia del período inicial y sin que en conjunto la duración total del convenio de colaboración pueda exceder de:

a) Cinco años.
b) Seis años.
c) Siete años.
d) Diez años.

13. Las inscripciones permanecerán registradas en la BDNS hasta que transcurran:

a) 4 años desde la fecha de finalización del plazo de prohibición.

b) 5 años desde la fecha de finalización del plazo de prohibición.

c) 6 años desde la fecha de finalización del plazo de prohibición.

d) 10 años desde la fecha de finalización del plazo de prohibición.

14. La información incluida en la BDNS tendrá carácter reservado, sin que pueda ser cedida o comunicada a terceros, salvo que la cesión tenga por objeto:

a) La investigación o persecución de delitos públicos por los órganos jurisdiccionales o el Ministerio Público.

b) La colaboración con las Administraciones tributaria y de la Seguridad Social en el ámbito de sus competencias.

c) La colaboración con las comisiones parlamentarias de investigación en el marco legalmente establecido.

d) Todas las respuestas anteriores son correctas.

15. Las autoridades y el personal al servicio de las Administraciones Públicas que tengan conocimiento de los datos contenidos en la base de datos estarán obligados al más estricto y completo secreto profesional respecto a los mismos. Con independencia de las responsabilidades penales o civiles que pudieren corresponder, la infracción de este particular deber de secreto se considerará siempre:

a) Apercibimiento.

b) Falta disciplinaria leve.

c) Falta disciplinaria grave.

d) Falta disciplinaria muy grave.

Solución al test n.º 11

1. a) La Ley 38/2003, de 17 de noviembre, General de Subvenciones.

2. d) Todas las respuestas anteriores son correctas.

3. d) Las transferencias son un gasto público.

4. b) Nominativas.

5. b) Economía en el gasto.

6. c) 12 millones de euros.

7. a) Podrán ser objeto de desconcentración mediante real decreto acordado en Consejo de Ministros.

8. d) Todas las respuestas anteriores son correctas.

9. d) 30.000 euros.

10. b) 10 días hábiles desde la notificación de la propuesta de resolución provisional a los interesados para los que se propone la concesión de la subvención.

11. b) Cuatro años.

12. b) Seis años.

13. d) 10 años desde la fecha de finalización del plazo de prohibición.

14. d) Todas las respuestas anteriores son correctas.

15. d) Falta disciplinaria muy grave.

**La actividad subvencional de las Administraciones Públicas (II).
La Ley 38/2003, 17 de noviembre, General de Subvenciones:
procedimiento de concesión y gestión de subvenciones**

1. Señala cuál de las siguientes opciones no se corresponde a un procedimiento de concesión de subvenciones según la Ley 38/2003:

a) Procedimiento de concesión en régimen de concurrencia competitiva.
b) Procedimiento de concesión normada.
c) Procedimiento de concesión directa.
d) Ninguna de las anteriores opciones es correcta.

2. La convocatoria podrá aprobarse en un ejercicio presupuestario anterior a aquel en el que vaya a tener lugar la resolución de la misma, siempre que:

a) La ejecución del gasto se realice en la misma anualidad en que se produce la concesión.
b) Exista normalmente crédito adecuado y suficiente para la cobertura presupuestaria del gasto de que se trate en los Presupuestos Generales del Estado.
c) Exista crédito adecuado y suficiente en el proyecto de Presupuestos Generales del Estado que haya sido sometido a la aprobación de las Cortes Generales correspondiente al ejercicio siguiente, en el cual se adquirirá el compromiso de gasto como consecuencia de la aprobación de la resolución de concesión.
d) Todas las anteriores respuestas son correctas.

3. En las subvenciones plurianuales, el gasto que se impute al segundo ejercicio posterior no podrá exceder de la cantidad que resulte de aplicar al crédito inicial a que corresponda la operación el porcentaje del:

a) 70%.
b) 60%.
c) 50%.
d) 40%.

4. El procedimiento para la concesión de subvenciones se inicia:

a) Siempre de oficio.
b) Siempre a instancia de parte.
c) Tanto de oficio como a instancia de parte.
d) Por Decreto del Gobierno.

5. La convocatoria contendrá:

a) Indicación de la disposición que establezca, en su caso, las bases reguladoras y del diario oficial en que está publicada, salvo que en atención a su especificidad estas se incluyan en la propia convocatoria.
b) Créditos presupuestarios a los que se imputa la subvención y cuantía total máxima de las subvenciones convocadas dentro de los créditos disponibles o, en su defecto, cuantía estimada de las subvenciones.
c) Objeto, condiciones y finalidad de la concesión de la subvención.
d) Todas las respuestas anteriores son correctas.

6. En los procedimientos de concesión en régimen de concurrencia competitiva, la normativa reguladora de la subvención podrá admitir la sustitución de la presentación de determinados documentos por una declaración responsable del solicitante. En este caso, con anterioridad a la propuesta de resolución de concesión de la subvención se deberá requerir la presentación de la documentación que acredite la realidad de los datos contenidos en la citada declaración, en un plazo no superior a:

a) 5 días.
b) 10 días.
c) 15 días.
d) 1 mes.

7. Respecto a la pregunta anterior, si la solicitud no reúne los requisitos establecidos en la norma de convocatoria, el órgano competente requerirá al interesado para que la subsane indicándole que si no lo hiciese se le tendrá por desistido de su solicitud, previa resolución que deberá ser dictada en los términos previstos en el artículo 68 de la Ley 39/2015, de 1 de octubre, del Procedimiento Administrativo Común de las Administraciones Públicas, para lo cual dispondrá de un plazo máximo e improrrogable de:

a) 5 días.
b) 10 días.
c) 15 días.
d) 1 mes.

8. En los procedimientos de concesión en régimen de concurrencia competitiva, señale cuál de las siguientes opciones no es correcta:

a) La convocatoria fijará necesariamente la cuantía total máxima destinada a las subvenciones convocadas y los créditos presupuestarios a los que se imputan.

b) No podrán concederse subvenciones en ningún caso por importe superior a la cuantía total máxima fijada en la convocatoria sin que previamente se realice una nueva convocatoria.

c) Excepcionalmente, la convocatoria podrá fijar, además de la cuantía total máxima dentro de los créditos disponibles, una cuantía adicional cuya aplicación a la concesión de subvenciones no requerirá de una nueva convocatoria.

d) La convocatoria deberá hacer constar expresamente que la efectividad de la cuantía adicional queda condicionada a la declaración de disponibilidad del crédito como consecuencia de las circunstancias antes señaladas y, en su caso, previa aprobación de la modificación presupuestaria que proceda, en un momento anterior a la resolución de la concesión de la subvención.

9. En el procedimiento de concesión en régimen de concurrencia competitiva, el plazo máximo para resolver y notificar la resolución del procedimiento, salvo que una norma con rango de ley establezca un plazo mayor o así venga previsto en la normativa de la Unión Europea, no podrá exceder de:

a) 3 meses.
b) 6 meses.
c) 9 meses.
d) 12 meses.

10. Las normas especiales en los procedimientos de concesión directa contendrán:

a) El régimen jurídico aplicable.
b) Los beneficiarios y modalidades de ayuda.
c) El procedimiento de concesión y régimen de justificación de la aplicación dada a las subvenciones por los beneficiarios y, en su caso, entidades colaboradoras.
d) Todas las respuestas anteriores son correctas.

Solución al test n.º 12

1. b) Procedimiento de concesión normada.

2. d) Todas las anteriores respuestas son correctas.

3. b) 60%.

4. a) Siempre de oficio.

5. d) Todas las respuestas anteriores son correctas.

6. c) 15 días.

7. b) 10 días.

8. b) No podrán concederse subvenciones en ningún caso por importe superior a la cuantía total máxima fijada en la convocatoria sin que previamente se realice una nueva convocatoria.

9. b) 6 meses.

10. d) Todas las respuestas anteriores son correctas.

La Ley 19/2013, de 9 de diciembre, de Transparencia, Acceso a la Información pública y Buen Gobierno. La Ley 1/2014, de 24 de junio, de Transparencia Pública de Andalucía

1. La cualidad que permite y facilita el acceso de los ciudadanos a la información pública en poder de la Administración dentro de los límites establecidos por la legislación vigente, se conoce como:

a) Accesibilidad.
b) Transparencia.
c) Objetividad.
d) Buen gobierno.

2. En el Capítulo I del Título I: "Transparencia de la actividad pública" de la Ley 19/2013, concretamente en el art. 3, se señala que serán objeto de aplicación de las disposiciones las entidades privadas:

a) En cuyo capital social la participación, directa o indirecta, sea superior al 50 por 100.
b) Que perciban durante el período de un año ayudas o subvenciones públicas en una cuantía superior a 100.000 euros o cuando al menos el 40 % del total de sus ingresos anuales tengan carácter de ayuda o subvención pública, siempre que alcancen como mínimo la cantidad de 5.000 euros.
c) Con personalidad jurídica propia, vinculadas a cualquiera de las Administraciones Públicas o dependientes de ellas.
d) Que tengan atribuidas funciones de regulación o supervisión de carácter externo sobre un determinado sector o actividad.

3. En el ámbito de la Administración General del Estado, ¿a quién corresponde la evaluación del cumplimiento de los planes y programas anuales y plurianuales que las administraciones públicas deben publicar?

a) Ministerio de Hacienda y Función Pública.
b) Tribunal de Cuentas.

c) Instituto Nacional para las Administraciones Públicas (INAP).
d) Inspecciones Generales de Servicios.

4. ¿Qué título de la Ley 19/2013 regula todo lo relativo a la "Transparencia de la actividad pública"?

a) Título I.
b) Título II.
c) Título III.
d) Título IV.

5. ¿Qué plazo máximo otorgó la Ley 19/2013, de 9 de diciembre, de transparencia, acceso a la información pública y buen gobierno a los órganos de las Comunidades Autónomas y de las Entidades Locales para adaptarse a las obligaciones contenidas en dicha ley?

a) 1 año.
b) 2 años.
c) 3 años.
d) 5 años.

6. El cumplimiento de las obligaciones derivadas de la Ley 19/2013, de 9 de diciembre, de transparencia, acceso a la información pública y buen gobierno, podrá realizarse utilizando los medios electrónicos puestos a su disposición por la Administración Pública de la que provenga la mayor parte de las ayudas o subvenciones públicas percibidas cuando se trate de entidades sin ánimo de lucro que persigan exclusivamente fines de interés social o cultural y cuyo presupuesto sea inferior a:

a) 50.000 euros.
b) 100.000 euros.
c) 200.000 euros.
d) 250.000 euros.

7. Según lo previsto en el artículo 18 de la Ley 19/2013, de 9 de diciembre, de transparencia, acceso a la información pública y buen gobierno, se inadmitirán a trámite, mediante resolución motivada, las solicitudes de acceso a la información:

a) Relativas a los intereses económicos y turísticos.
b) Relativas a la garantía de la confidencialidad o el secreto requerido en procesos de toma de decisión.
c) Relativas a información para cuya divulgación sea necesaria una acción previa de reelaboración.
d) Relativas a infraestructuras críticas.

8. El acceso a la información pública requiere:

a) Solicitud previa.
b) Acreditación de la condición de interesado.

c) Motivación expresa.
d) La utilización de medios telemáticos.

**9. Cuando la información pública solicitada no contuviera datos especialmente protegidos, el órgano al que se dirija la solicitud concederá el acceso previa ....
suficientemente razonada del interés público en la divulgación de la información y los derechos de los afectados cuyos datos aparezcan en la información solicitada, en particular su derecho fundamental a la protección de datos de carácter personal. Señala la palabra que falta:**

a) Catalogación.
b) Acreditación.
c) Ponderación.
d) Identificación.

10. El incumplimiento reiterado de la obligación de resolver en plazo procedimientos de acceso a la información pública:

a) Tendrá la consideración de infracción grave.
b) Tendrá la consideración de infracción muy grave.
c) Tendrá la consideración de infracción leve.
d) No tendrá la consideración de infracción.

11. Frente a toda resolución expresa o presunta en materia de acceso podrá interponerse una reclamación ante el Consejo de Transparencia y Buen Gobierno, previo a su impugnación en vía contencioso-administrativa, con carácter:

a) Preceptivo.
b) Potestativo.
c) Colectivo.
d) Extraordinario.

12. Frente a toda resolución expresa o presunta en materia de acceso a la información pública podrá interponerse, con carácter potestativo y previo a su impugnación en vía contencioso-administrativa, una reclamación ante:

a) La Inspección de Servicios del Departamento correspondiente.
b) La Inspección de Servicios del Ministerio Hacienda y Función Pública.
c) El Consejo de Transparencia y Buen Gobierno.
d) El Instituto para la Evaluación de las Políticas Públicas.

13. Según el artículo 7 de la Ley 19/2013, de 9 de diciembre, de transparencia, acceso a la información pública y buen gobierno, relativo a la información de relevancia jurídica:

a) Las Administraciones Públicas, en el ámbito de sus competencias, publicarán los proyectos de Reglamento cuya iniciativa les corresponda.
b) Las Administraciones Públicas, en el ámbito de sus competencias, no publicarán los proyectos de Reglamento cuya iniciativa les corresponda.

c) Las Administraciones Públicas, en el ámbito de sus competencias, no podrán publicar los Anteproyectos de Ley hasta su aprobación.

d) Las Administraciones Públicas no podrán publicar los proyectos de Decretos Legislativos cuando se soliciten los dictámenes a los órganos consultivos.

14. La Ley 19/2013 destaca tres ejes fundamentales de toda acción política. Señala cuál de los siguientes no es correcto:

a) La transparencia.
b) El acceso a la información pública.
c) Las normas de buen gobierno.
d) Las incompatibilidades.

15. El título I de la Ley 19/2013 regula e incrementa la transparencia de la actividad de todos los sujetos que prestan servicios públicos o ejercen potestades administrativas mediante un conjunto de previsiones que se recogen en dos capítulos diferenciados y desde una doble perspectiva: el derecho de acceso a la información pública y:

a) Los conflictos de intereses.
b) La publicidad activa.
c) La austeridad.
d) Los principios de actuación.

16. El artículo 26 de la ley 19/2013 desglosa los principios de buen gobierno a los que someterán su actuación los miembros del Gobierno y los altos cargos. Entre los principios generales que señala figura:

a) No se implicarán en situaciones, actividades o intereses incompatibles con sus funciones y se abstendrán de intervenir en los asuntos en que concurra alguna causa que pueda afectar a su objetividad.

b) Guardarán la debida reserva respecto a los hechos o informaciones conocidos con motivo u ocasión del ejercicio de sus competencias.

c) Mantendrán una conducta digna y tratarán a los ciudadanos con esmerada corrección.

d) No aceptarán para sí regalos que superen los usos habituales, sociales o de cortesía, ni favores o servicios en condiciones ventajosas que puedan condicionar el desarrollo de sus funciones.

17. Según la Ley 19/2013, de 9 de diciembre, de Transparencia, Acceso a la Información Pública y Buen Gobierno, el derecho de acceso podrá ser limitado cuando acceder a la información suponga un perjuicio para:

a) La seguridad pública.
b) La igualdad de las partes en los procesos judiciales y la tutela judicial efectiva.
c) La política económica y monetaria.
d) Todo lo anterior.

18. La motivación de una solicitud de acceso a la información, según la Ley 19/2013:

a) Es requisito ineludible para que se facilite la información.
b) Será causa de rechazo de la solicitud.
c) Las dos respuestas anteriores son ciertas.
d) Se deja a la decisión del solicitante.

19. La transparencia de la actividad pública, respecto a la casa de su Majestad el Rey:

a) No se aplica.
b) Se aplica en todas sus actividades.
c) Se aplica en sus actividades sujetas al Derecho Administrativo.
d) Se aplica solo en sus actividades de índole política.

20. Para que se aplique la Ley 19/2013 a sociedades mercantiles, la participación en las mismas de entidades de Derecho Público debe ser superior al:

a) 10 por 100.
b) 20 por 100.
c) 50 por 100.
d) No se aplica en caso alguno dicha ley a este tipo de sociedades.

21. ¿En virtud de qué principio proclamado por la Ley 1/2014, se proporcionará información estructurada sobre los documentos y recursos de información con vistas a facilitar la identificación y búsqueda de la información?

a) Principio de veracidad.
b) Principio de accesibilidad.
c) Principio de utilidad.
d) Principio de facilidad y comprensión.

22. Conforme al artículo 7 de la Ley 1/2014, el derecho a la publicidad activa consiste en el derecho de cualquier persona a que los poderes públicos publiquen la información veraz cuyo conocimiento sea relevante para garantizar la transparencia de su actividad, de forma periódica y:

a) Actualizada.
b) Abierta.
c) Comprensiva.
d) Efectiva.

23. Las personas que accedan a información pública en aplicación de lo dispuesto en la Ley 1/2014 estarán sometidas al cumplimiento de la obligación de ejercer su derecho con respeto a los principios de buena fe y/e:

a) Confidencialidad.
b) Interés personal.

c) Interdicción del abuso de derecho.
d) Protección de datos de carácter personal.

24. Toda la información pública señalada en el título II de la Ley 1/2014 se publicará y actualizará, con carácter general:

a) Semanalmente.
b) Mensualmente.
c) Trimestralmente.
d) Semestralmente.

25. Conforme al artículo 12 de la Ley 1/2014, las administraciones públicas, las sociedades mercantiles y las fundaciones públicas andaluzas publicarán los planes y programas anuales y plurianuales en los que se fijen objetivos concretos, así como las actividades, medios y tiempo previsto para su consecución, tan pronto sean aprobados y, en todo caso, en el plazo máximo de:

a) 10 días.
b) 20 días.
c) 1 mes.
d) 3 meses.

Solución al test n.º 13

1. b) Transparencia.

2. b) Que perciban durante el período de un año ayudas o subvenciones públicas en una cuantía superior a 100.000 euros o cuando al menos el 40 % del total de sus ingresos anuales tengan carácter de ayuda o subvención pública, siempre que alcancen como mínimo la cantidad de 5.000 euros.

3. d) Inspecciones Generales de Servicios.

4. a) Título I.

5. b) 2 años.

6. a) 50.000 euros.

7. c) Relativas a información para cuya divulgación sea necesaria una acción previa de reelaboración.

8. a) Solicitud previa.

9. c) Ponderación.

10. a) Tendrá la consideración de infracción grave.

11. b) Potestativo.

12. c) El Consejo de Transparencia y Buen Gobierno.

13. a) Las Administraciones Públicas, en el ámbito de sus competencias, publicarán los proyectos de Reglamento cuya iniciativa les corresponda.

14. d) Las incompatibilidades.

15. b) La publicidad activa.

16. c) Mantendrán una conducta digna y tratarán a los ciudadanos con esmerada corrección.

17. d) Todo lo anterior.

18. d) Se deja a la decisión del solicitante.

19. c) Se aplica en sus actividades sujetas al Derecho Administrativo.

20. c) 50 por 100.

21. b) Principio de accesibilidad.

22. a) Actualizada.

23. c) Interdicción del abuso de derecho.

24. c) Trimestralmente.

25. b) 20 días.

TEST N.º 14

Principios básicos de Prevención de Riesgos Laborales. Normativa legal. Modalidades de organización de la prevención en la empresa. Gestión de la actividad preventiva

1. ¿Qué se entiende por "riesgo laboral"?

a) La posibilidad de que un trabajador sufra un determinado daño derivado del trabajo.

b) La posibilidad de que un trabajador sufra una enfermedad en el trabajo.

c) La posibilidad de que un trabajador sufra acoso.

d) El riesgo que supone el ir a trabajar.

2. Indica cuál es la definición de prevención:

a) La probabilidad racional de que un riesgo se materialice de forma inminente.

b) El estudio de los procesos potencialmente peligrosos para el trabajo.

c) Conjunto de actividades o medidas adoptadas o previstas en todas las fases de actividad de la empresa con el fin de evitar o disminuir los riesgos derivados del trabajo.

d) Posibilidad de que un trabajador sufra un determinado daño derivado del trabajo.

3. Podrán realizar el plan de prevención de riesgos laborales, la evaluación de riesgos y la planificación de la actividad preventiva de forma simplificada, en atención a la naturaleza y peligrosidad de las actividades realizadas, empresas cuyo número de trabajadores no exceda de:

a) 30.

b) 50.

c) 80.

d) 100.

4. Según establece el art. 4 de la Ley 31/1995, de 8 de noviembre, de Prevención de Riesgos Laborales, se define como daños derivados del trabajo:

a) La posibilidad de que un trabajador sufra un determinado daño derivado del trabajo.

b) El que resulte probable racionalmente que se materialice en un futuro inmediato y pueda suponer un daño grave para la salud de los trabajadores.

c) Las enfermedades, patologías o lesiones sufridas con motivo u ocasión del trabajo.

d) Cualquier máquina, aparato, instrumento o instalación utilizada en el trabajo.

5. Señala la respuesta incorrecta:

a) La Ley de Prevención de Riesgos Laborales se aplica a los operativos de Seguridad civil en casos de catástrofe.

b) La Ley de Prevención de Riesgos Laborales se aplica a las sociedades cooperativas.

c) La Ley de Prevención de Riesgos Laborales se aplica a la relación laboral de carácter especial del servicio del hogar familiar.

d) En los establecimientos penitenciarios, se adaptarán a la Ley de Prevención de Riesgos Laborales aquellas actividades cuyas características justifiquen una regulación especial.

6. Para calificar un riesgo desde el punto de vista de su gravedad, se valorarán conjuntamente la severidad del daño y:

a) La probabilidad de que se produzca.

b) La cantidad de trabajadores de la empresa.

c) La existencia o no de equipos individuales de protección.

d) Las condiciones de trabajo.

7. La Comisión Nacional de Seguridad y Salud en el Trabajo, está compuesta por:

a) Representantes de las organizaciones sindicales y empresariales.

b) Un representante de cada una de las Comunidades Autónomas y representantes de las organizaciones sindicales y empresariales.

c) Representantes de la Administración y representantes de las organizaciones sindicales y empresariales.

d) Un representante de cada una de las Comunidades Autónomas y por igual número de miembros de la Administración General del Estado y, paritariamente con todos los anteriores, por representantes de las organizaciones empresariales y sindicales más representativas.

8. La función de vigilancia y control de la normativa sobre prevención de riesgos laborales corresponde:

a) A la Dirección General de Personal y Desarrollo Profesional.

b) A la Delegación Provincial de Trabajo.

c) A la Inspección de Trabajo y Seguridad Social.

d) Al Servicio de Medicina Preventiva.

9. El órgano científico técnico especializado de la Administración General del Estado que tiene como misión el análisis y estudio de las condiciones de seguridad y salud en el trabajo, así como la promoción y apoyo a la mejora de las mismas, es:

a) El Instituto Nacional de Seguridad y Salud en el Trabajo.
b) La Comisión Nacional de Seguridad y Salud en el Trabajo.
c) El Instituto Carlos III.
d) El Centro Nacional de Promoción y Cuidados de la Salud.

10. El derecho básico reconocido a los trabajadores por la Ley 31/1995, de 8 de noviembre, es:

a) La vigilancia de su estado de salud.
b) Una protección eficaz en materia de seguridad y salud en el trabajo.
c) La formación en materia preventiva.
d) La información, consulta y participación.

11. Entre los principios de la acción preventiva recogidos por el artículo 15 de la Ley de Prevención de Riesgos Laborales, no figura:

a) Evitar los riesgos.
b) Evaluar los riesgos que se puedan evitar.
c) Tener en cuenta la evolución de la técnica.
d) Dar las debidas instrucciones a los trabajadores.

12. La prevención de riesgos laborales deberá integrarse en el sistema general de gestión de la empresa a través de:

a) La política preventiva.
b) El plan de prevención.
c) El consenso de las partes.
d) El poder de decisión del empresario.

13. En relación con la vigilancia de la salud que ha de garantizar el empresario, el acceso a la información médica de carácter personal:

a) Se limitará al empresario y a los Servicios de Prevención propios.
b) Se limitará al Jefe inmediato del trabajador.
c) Solo será accesible al propio trabajador.
d) Se limitará al personal médico y a las autoridades sanitarias que lleven a cabo la vigilancia.

14. Según la Ley de Prevención de Riesgos Laborales, es obligación de los trabajadores en materia de prevención de riesgos:

a) La protección eficaz en materia de seguridad y salud en el trabajo.

b) Utilizar correctamente los medios y equipos de protección facilitados por el empresario, de acuerdo con las instrucciones recibidas de este.

c) Soportar el coste de las medidas relativas a la seguridad y la salud en el trabajo.

d) Desarrollar una acción permanente de seguimiento de la actividad preventiva.

15. En los casos de concurrencia de trabajadores de varias empresas en un centro de trabajo cuando existe un empresario principal, uno de los deberes de vigilancia por parte de este, consistirá en:

a) Impulsar la regulación de esquemas organizativos, que eviten los accidentes de trabajo.

b) Comprobar que las empresas contratistas y subcontratistas concurrentes en su centro de trabajo han establecido los necesarios medios de coordinación entre ellas.

c) Asegurar la correcta utilización por parte de los trabajadores de las empresas concurrentes de los correspondientes dispositivos de seguridad disponibles.

d) Asegurarse de que los trabajadores concurrentes disponen de la formación preventiva correspondiente.

16. Cuando los trabajadores estén expuestos a un riesgo grave e inminente con ocasión de su trabajo, y el empresario no adopte o no permita la adopción de las medidas necesarias para garantizar la seguridad y la salud de los trabajadores, la Ley 31/1995, de 8 de noviembre, de Prevención de Riesgos Laborales prevé que:

a) Los trabajadores afectados podrán paralizar la actividad.

b) El órgano de representación del personal instará formalmente al empresario a la adopción de las medidas necesarias.

c) Los Delegados de Prevención lo comunicarán a la autoridad laboral, que adoptará las medidas necesarias.

d) El órgano de representación de personal podrá acordar la paralización de la actividad.

17. El posible cambio de puesto de trabajo con riesgo para una trabajadora embarazada:

a) Deberá realizarse en caso de imposibilidad de adaptación del propio puesto.

b) Se hará previo informe en tal sentido del Servicio de Prevención.

c) Se determinará por el empresario, y dará información a los representantes de los trabajadores.

d) Se extenderá al período de lactancia.

18. ¿Cuándo se deben utilizar los equipos de protección individual?

a) Siempre.
b) Cuando los riesgos no hayan sido evaluados.
c) Cuando los riesgos no se puedan evitar o no puedan limitarse.
d) Cuando el trabajador lo estime oportuno.

19. Las trabajadoras embarazadas, ¿tienen derecho a ausentarse del trabajo para la realización de exámenes prenatales y técnicas de preparación al parto?

a) Sí, con derecho a remuneración, previo aviso al empresario y justificación de la necesidad de su realización dentro de la jornada de trabajo.
b) Sí, con derecho a remuneración, sin necesidad de avisar al empresario ni justificar la necesidad de su realización dentro de la jornada de trabajo.
c) Sí, sin derecho a remuneración, previo aviso al empresario y justificación de la necesidad de su realización dentro de la jornada de trabajo.
d) No, en ningún caso.

20. El empresario deberá constituir un servicio de prevención propio siempre que se trate de empresas que cuenten con:

a) Más de 500 trabajadores.
b) Menos de 250 trabajadores.
c) Más de 250 trabajadores.
d) Más de 250 y menos de 500 trabajadores.

21. Con relación a la protección y prevención de riesgos profesionales, el art. 30 de la LPRL, establece que:

a) En cumplimiento del deber de prevención de riesgos profesionales, el empresario, podrá designar, exclusivamente, uno o dos trabajadores para ocuparse de dicha actividad.
b) En las empresas de más de seis trabajadores, el empresario asumirá personalmente las funciones relativas a la protección y prevención de riesgos profesionales.
c) En ningún caso el empresario podrá asumir estas funciones, que serán desempeñadas exclusivamente por los trabajadores.
d) En las empresas de hasta diez trabajadores, con varios centros de trabajo, el empresario podrá asumir personalmente las funciones relativas al deber de prevención de riesgos profesionales.

22. Según el art. 32 de la LPRL, en relación con las mutuas de accidente de trabajo y enfermedades profesionales, es cierto que:

a) En ningún caso podrán desarrollar para empresas las funciones correspondientes a los servicios de prevención.
b) Podrán desarrollar, para las empresas a ellas asociadas, las funciones correspondientes a los servicios de prevención, sin ningún tipo de restricción.

c) Podrán desarrollar, para las empresas a ellas asociadas, las funciones correspondientes a los servicios de prevención, siempre que hayan sido objeto de acreditación por la Administración Laboral y previa aprobación de la Administración Sanitaria en cuanto a los aspectos de carácter sanitario.

d) Podrán desarrollar, libremente, las funciones correspondientes a los servicios de prevención de las empresas que así se los soliciten.

23. Los representantes de los trabajadores con competencia en materia de prevención de riesgos laborales son:

a) Los miembros de la Junta de personal, Junta Facultativo y Junta de Enfermería.
b) Los técnicos de prevención de riesgos laborales.
c) El Servicio de Medicina Preventiva.
d) Los delegados de prevención.

24. En las empresas de hasta 30 trabajadores el Delegado de Prevención será:

a) El propio empresario.
b) El trabajador más antiguo.
c) El trabajador de mayor cualificación.
d) El delegado de personal.

25. Según la Ley de Prevención de Riesgos Laborales, se constituirá un Comité de Seguridad y Salud en todas las empresas o centros de trabajo que cuenten con:

a) 30 o más trabajadores.
b) 50 o más trabajadores.
c) 75 o más trabajadores.
d) 100 o más trabajadores.

Solución al test n.º 14

1. a) La posibilidad de que un trabajador sufra un determinado daño derivado del trabajo.

2. c) Conjunto de actividades o medidas adoptadas o previstas en todas las fases de actividad de la empresa con el fin de evitar o disminuir los riesgos derivados del trabajo.

3. b) 50.

4. c) Las enfermedades, patologías o lesiones sufridas con motivo u ocasión del trabajo.

5. a) La Ley de Prevención de Riesgos Laborales se aplica a los operativos de Seguridad civil en casos de catástrofe.

6. a) La probabilidad de que se produzca.

7. d) Un representante de cada una de las Comunidades Autónomas y por igual número de miembros de la Administración General del Estado y, paritariamente con todos los anteriores, por representantes de las organizaciones empresariales y sindicales más representativas.

8. c) A la Inspección de Trabajo y Seguridad Social.

9. a) El Instituto Nacional de Seguridad y Salud en el Trabajo.

10. b) Una protección eficaz en materia de seguridad y salud en el trabajo.

11. b) Evaluar los riesgos que se puedan evitar.

12. b) El plan de prevención.

13. d) Se limitará al personal médico y a las autoridades sanitarias que lleven a cabo la vigilancia.

14. b) Utilizar correctamente los medios y equipos de protección facilitados por el empresario, de acuerdo con las instrucciones recibidas de este.

15. b) Comprobar que las empresas contratistas y subcontratistas concurrentes en su centro de trabajo han establecido los necesarios medios de coordinación entre ellas.

16. d) El órgano de representación de personal podrá acordar la paralización de la actividad.

17. a) Deberá realizarse en caso de imposibilidad de adaptación del propio puesto.

18. c) Cuando los riesgos no se puedan evitar o no puedan limitarse.

19. a) Sí, con derecho a remuneración, previo aviso al empresario y justificación de la necesidad de su realización dentro de la jornada de trabajo.

20. a) Más de 500 trabajadores.

21. d) En las empresas de hasta diez trabajadores, con varios centros de trabajo, el empresario podrá asumir personalmente las funciones relativas al deber de prevención de riesgos profesionales.

22. a) En ningún caso podrán desarrollar para empresas las funciones correspondientes a los servicios de prevención.

23. d) Los delegados de prevención.

24. d) El delegado de personal.

25. b) 50 o más trabajadores.

TEST N.º 15

La Ley Orgánica 3/2007, de 22 de marzo, para la igualdad efectiva de mujeres y hombres. Las Políticas Públicas para la Igualdad y el Derecho de Igualdad y no Discriminación. El principio de igualdad en el empleo público. La Ley 12/2007, de 26 de noviembre, para la promoción de la igualdad de género en Andalucía, y la Ley 9/2018, de 8 de octubre, de modificación de la anterior

1. La ley que regula a nivel estatal la igualdad efectiva de mujeres y hombres es:

a) La Ley 3/2007, de 12 de marzo.
b) La Ley Orgánica 22/2007, de 3 de abril.
c) La Ley Orgánica 3/2007, de 22 de marzo.
d) El Decreto Legislativo 7/2003, de 23 de mayo.

2. Todo trato desfavorable a las mujeres relacionado con el embarazo o la maternidad constituye:

a) Acoso sexual.
b) Acoso por razón de sexo.
c) Discriminación directa por razón de sexo.
d) Discriminación indirecta por razón de sexo.

3. Cualquier comportamiento realizado en función del sexo de una persona, con el propósito o efecto de atentar contra su dignidad y de crear un entorno intimidatorio, degradante u ofensivo, constituye:

a) Acoso sexual.
b) Acoso por razón de sexo.
c) Discriminación directa por razón de sexo.
d) Discriminación indirecta por razón de sexo.

4. Los actos y las cláusulas de los negocios jurídicos que constituyan o causen discriminación por razón de sexo se considerarán:

a) Válidos, si todas las partes consienten.
b) Anulables y sin efecto durante el primer año; pasado ese tiempo, si no hay denuncia, tendrán efectos legales.
c) Nulos, pero con efecto.
d) Nulos y sin efecto.

5. La capacidad y la legitimación para intervenir en los procesos civiles, sociales y contencioso-administrativos que versen sobre la defensa del derecho de igualdad entre mujeres y hombres, corresponden a:

a) La persona acosada, únicamente.
b) Cualquier ciudadano.
c) Las personas físicas y jurídicas con interés legítimo.
d) Cualquier persona jurídica.

6. Según el artículo 15 de la Ley para la Igualdad efectiva entre Mujeres y Hombres, el principio de igualdad de trato y oportunidades informará la actuación de todos los poderes públicos:

a) Con carácter transversal.
b) De forma equilibrada.
c) Solo cuando se trate de colectivos de especial vulnerabilidad o de violencia de hecho.
d) Con carácter no vinculante.

7. Según la Disposición Adicional Primera de la Ley para la Igualdad efectiva entre Mujeres y Hombres, se entenderá por composición equilibrada la presencia de mujeres y hombres de forma que, en el conjunto al que se refiera, las personas de cada sexo:

a) Tengan la misma representación; es decir, la mitad, o la mitad más uno o menos uno si es un número impar de miembros.
b) No superen el 60 % ni sean menos del 40 %.
c) No superen el 70 % ni sean menos del 30 %.
d) No sean menos del 10 %.

8. Los proyectos de disposiciones de carácter general y los planes de especial relevancia económica, social, cultural y artística que se sometan a la aprobación del Consejo de Ministros deberán incorporar:

a) Un Plan Estratégico de Igualdad de Oportunidades.
b) Una estadística o encuesta que posibilite el conocimiento de las diferencias en los valores, roles, situaciones y condiciones, de mujeres y hombres en el ámbito de acción del proyecto o plan.

c) Un informe periódico sobre el conjunto de sus actuaciones en relación con la efectividad del principio de igualdad entre mujeres y hombres.

d) Un informe sobre su impacto por razón de género.

9. Se definen como "un conjunto ordenado de medidas, adoptadas después de realizar un diagnóstico de situación, tendentes a alcanzar en la empresa la igualdad de trato y de oportunidades entre mujeres y hombres y a eliminar la discriminación por razón de sexo":

a) Los programas de mejora de la empleabilidad de las mujeres.

b) Las medidas de acción positiva para favorecer el acceso de las mujeres al empleo y la aplicación efectiva del principio de igualdad de trato y no discriminación en las condiciones de trabajo.

c) Los protocolos de actuación frente al acoso sexual y al acoso por razón de sexo.

d) Los planes de igualdad de las empresas.

10. ¿A partir de qué número de trabajadores están las empresas obligadas a elaborar y aplicar un plan de igualdad?

a) 50 trabajadores.
b) 100 trabajadores.
c) 150 trabajadores.
d) 250 trabajadores.

11. ¿Cómo se denomina el distintivo creado por el Ministerio de Trabajo y Asuntos Sociales para reconocer a las empresas que destacan por la aplicación de políticas de igualdad de trato y de oportunidades con sus trabajadores y trabajadoras?

a) Distintivo "Igualdad en la Empresa".
b) Distintivo "Empresas en Igualdad".
c) Distintivo "Empresa no discriminatoria".
d) Distintivo "Empresa con empleo igualitario".

12. ¿Por cuánto tiempo se concede el distintivo para las empresas en materia de igualdad?

a) Un año, prorrogable uno más.
b) Tres años, prorrogables.
c) Cuatro años.
d) Indefinido.

13. Mantener el equilibrio en las diferentes dimensiones de la vida con el fin de mejorar el bienestar, la salud y la capacidad de trabajo personal es:

a) Conciliar.
b) Igualar.

c) Discriminatorio.
d) Acoso.

14. La aprobación de convocatorias de pruebas selectivas para el acceso al empleo público en la Administración General del Estado o en los organismos públicos vinculados o dependientes de ella, deberá:

a) Asegurar la adjudicación de plazas ofertadas por el principio de presencia equilibrada de mujeres y hombres.
b) Reservar al menos un 40 % de las plazas para cada sexo.
c) Acompañarse de un informe de impacto de género, salvo en casos de urgencia.
d) Separar las plazas que se hayan de cubrir por hombres de las que se hayan de cubrir por mujeres.

15. A la vista de la evolución e impacto de las políticas de igualdad en el mercado laboral, el Consejo de Ministros determinará los contratos de la Administración General del Estado y de sus organismos públicos que obligatoriamente deberán incluir entre sus condiciones de ejecución de medidas tendentes a promover la igualdad efectiva entre mujeres y hombres en el mercado de trabajo:

a) Mensualmente.
b) Trimestralmente.
c) Semestralmente.
d) Anualmente.

16. Para contribuir al cumplimiento de la legislación en materia de igualdad entre mujeres y hombres, las Administraciones Públicas promoverán la adopción por parte de los medios de comunicación, incluyendo las actividades de venta y publicidad que en aquellos se desarrollen, de:

a) Planes de igualdad.
b) La realización de estudios e investigaciones especializadas en la materia.
c) Campañas institucionales dirigidas a fomentar la igualdad entre mujeres y hombres y a erradicar la violencia de género.
d) Acuerdos de autorregulación.

17. La publicidad que comporte una conducta discriminatoria de acuerdo con la Ley Orgánica 3/2007 se considerará:

a) Publicidad ilícita.
b) Publicidad inapropiada.
c) Publicidad delictiva.
d) Publicidad engañosa.

18. En el acceso a bienes y servicios, ¿puede un contratante indagar sobre la situación de embarazo de una mujer demandante de los mismos?

a) No, en ningún caso.
b) Solo por razones de protección de la salud de la mujer.
c) Sí, en cualquier caso.
d) Sí, si está en un estado avanzado de gestación.

19. ¿Pueden aceptarse, en algún caso, diferencias de trato entre hombres y mujeres?

a) No, en ningún caso.
b) Siempre que no afecte a derechos fundamentales.
c) Solo cuando se justifican por un objetivo legítimo. No obstante, toda limitación deberá ser adecuada y necesaria.
d) Solo cuando una norma con rango de ley lo ampare.

20. La igualdad de género supone que:

a) Las personas de uno y otro sexo tienen que ser iguales.
b) Se equiparan los comportamientos, aspiraciones y necesidades de hombres y mujeres.
c) Sus derechos, responsabilidades y oportunidades no dependerán de que hayan nacido mujer o varón.
d) Se erradican las acciones positivas favorables a cualquiera de los sexos.

21. Según el artículo 7 de la Ley 12/2007, de 26 de noviembre, se aprobará un Plan estratégico para la igualdad de mujeres y hombres:

a) Cada 3 años.
b) Cada 4 años.
c) Cada 6 años.
d) Cada 10 años.

22. ¿Quién aprueba el Plan Estratégico para la Igualdad de Mujeres y Hombres en Andalucía?

a) El Parlamento andaluz.
b) El Consejo de Gobierno.
c) La consejería competente en materia de igualdad.
d) El Instituto Andaluz de la Mujer.

23. Señala con qué concepto determina la Ley 12/2007, de 26 de noviembre, para la Promoción de la Igualdad de Género en Andalucía, la toma de conciencia del poder que individual y colectivamente ostentan las mujeres y que tiene que ver con la recuperación de la propia dignidad de las mujeres como personas:

a) Transversalidad.
b) Corresponsabilidad.
c) Empoderamiento de las mujeres.
d) Fortalecimiento femenino.

24. La Administración de la Junta de Andalucía incorporará a las bases reguladoras de las subvenciones públicas la valoración de actuaciones de efectiva consecución de la igualdad de género por parte de las entidades solicitantes:

a) En todo caso.
b) Salvo en aquellos casos en que por la naturaleza de la subvención esté justificada su no incorporación.
c) En ningún caso.
d) Salvo en aquellos casos en que, por la naturaleza de la subvención o de las entidades solicitantes, esté justificada su no incorporación.

25. El artículo 18.2 de la Ley 12/2007, de 26 de noviembre, para la Promoción de la Igualdad de Género en Andalucía, establece que en el Consejo Escolar de Andalucía haya una persona en representación de:

a) La Consejería competente en materia de igualdad.
b) Las organizaciones de mujeres andaluzas.
c) El Instituto Andaluz de la Mujer.
d) La Comisión institucional de Andalucía de coordinación y seguimiento de acciones para la erradicación de la violencia de género.

26. La concentración del número de mujeres y/o de hombres en sectores y empleos específicos se denomina:

a) Segregación vertical.
b) Segregación horizontal.
c) Segregación transversal.
d) Segregación parcial.

27. Según el artículo 23.8 de la Ley 12/2007, de 26 de noviembre, las empresas respetarán la igualdad de trato y de oportunidades en el ámbito laboral:

a) Obligatoriamente.
b) Opcionalmente.

c) Cuando quieran tener preferencia en la adjudicación de contratos públicos.

d) Si tienen participación mayoritariamente pública.

28. Según el artículo 27.2 de la Ley 12/2007, de 26 de noviembre, las empresas:

a) Procurarán la presencia equilibrada de mujeres y hombres en sus órganos de dirección.

b) Deberán tener una representación equilibrada de mujeres y hombres en sus órganos de dirección.

c) Procurarán la presencia equilibrada de mujeres y hombres en su plantilla.

d) Deberán tener una representación equilibrada de mujeres y hombres en su plantilla.

29. Según el artículo 28 de la Ley 12/2007, de 26 de noviembre, para la Promoción de la Igualdad de Género en Andalucía, la Administración de la Junta de Andalucía promoverá que los convenios colectivos:

a) Hagan un uso no sexista del lenguaje.

b) No contengan cláusulas contrarias al principio de igualdad de oportunidades de mujeres y hombres.

c) Incluyan el correspondiente análisis de impacto de género.

d) No establezcan diferencias retributivas por razón de género.

Solución al test n.º 15

1. c) La Ley Orgánica 3/2007, de 22 de marzo.

2. c) Discriminación directa por razón de sexo.

3. b) Acoso por razón de sexo.

4. d) Nulos y sin efecto.

5. c) Las personas físicas y jurídicas con interés legítimo.

6. a) Con carácter transversal.

7. b) No superen el 60 % ni sean menos del 40 %.

8. d) Un informe sobre su impacto por razón de género.

9. d) Los planes de igualdad de las empresas.

10. d) 250 trabajadores.

11. a) Distintivo "Igualdad en la Empresa".

12. b) Tres años, prorrogables.

13. a) Conciliar.

14. c) Acompañarse de un informe de impacto de género, salvo en casos de urgencia.

15. d) Anualmente.

16. d) Acuerdos de autorregulación.

17. a) Publicidad ilícita.

18. b) Solo por razones de protección de la salud de la mujer.

19. c) Solo cuando se justifican por un objetivo legítimo. No obstante, toda limitación deberá ser adecuada y necesaria.

20. c) Sus derechos, responsabilidades y oportunidades no dependerán de que hayan nacido mujer o varón.

21. b) Cada 4 años.

22. b) El Consejo de Gobierno.

23. c) Empoderamiento de las mujeres.

24. d) Salvo en aquellos casos en que, por la naturaleza de la subvención o de las entidades solicitantes, esté justificada su no incorporación.

25. c) El Instituto Andaluz de la Mujer.

26. b) Segregación horizontal.

27. a) Obligatoriamente.

28. a) Procurarán la presencia equilibrada de mujeres y hombres en sus órganos de dirección.

29. c) Incluyan el correspondiente análisis de impacto de género.

TEST N.º 16

La protección de datos de carácter personal: Normativa de la Unión Europea y la Ley Orgánica 3/2018, de 5 de diciembre, de Protección de Datos Personales y garantía de los derechos digitales

1. ¿En virtud de qué principio previsto por el Reglamento General de Protección de Datos, los datos personales serán adecuados, pertinentes y limitados a lo necesario en relación con los fines para los que son tratados?

a) Principio de exactitud.
b) Principio de limitación de la finalidad.
c) Principio de responsabilidad proactiva.
d) Principio de minimización de datos.

2. Según el artículo 5 del Reglamento (UE) 2016/679, de 27 de abril, relativo a la protección de las personas físicas en lo que respecta al tratamiento de datos personales y a la libre circulación de estos datos, los datos personales serán tratados, en relación con el interesado, de manera lícita, leal y:

a) Fiable.
b) Segura.
c) Confidencial.
d) Transparente.

3. En relación con el consentimiento del interesado al tratamiento de datos de carácter personal, es cierto que:

a) En ningún caso se puede obligar a nadie a facilitar sus datos.
b) El consentimiento ha de ser previo a la información sobre el tratamiento.
c) Si se puede consentir libremente, del mismo modo, se puede retirar el consentimiento.
d) La solicitud del consentimiento deberá ir referida a todos los tratamientos que se puedan dar en un plazo determinado.

4. Es correcto, conforme a la disposición adicional 3ª de la LO 3/2018, que:

a) Cuando los plazos se señalen por días, se entiende que estos son naturales.

b) Si el plazo se fija en semanas, concluirá el día anterior al día de la semana en que se produjo el hecho que determina su iniciación en la semana de vencimiento.

c) Si el plazo se fija en años, concluirá el mismo día en que se produjo el hecho que determina su iniciación en el año de vencimiento.

d) Cuando el último día del plazo sea inhábil, se entenderá adelantado al último día hábil anterior.

5. El RGPD lo define como la persona física o jurídica, autoridad pública, servicio u otro organismo que trate datos personales por cuenta del responsable del tratamiento:

a) El Delegado.

b) El Encargado.

c) El Representante.

d) El Tratante.

6. Conforme al artículo 3 de la LO 3/2018, las personas vinculadas al fallecido por razones familiares o de hecho así como sus herederos:

a) No podrán dirigirse al responsable o encargado del tratamiento para solicitar el acceso a los datos personales de aquella, si no es por vía judicial.

b) Sólo podrán dirigirse al encargado del tratamiento, siempre que sea con objeto de rectificar datos manifiestamente falsos.

c) Podrán dirigirse al responsable o encargado del tratamiento siempre que sea con objeto de solicitar la supresión de los datos personales de aquella sin posibilidad de acceder a ellos.

d) Podrán dirigirse al responsable o encargado del tratamiento al objeto de solicitar el acceso a los datos personales de aquella y, en su caso, su rectificación o supresión.

7. Según el artículo 3 de la LO 3/2018, los requisitos y condiciones para acreditar la validez y vigencia de los mandatos e instrucciones de las personas fallecidas respecto al acceso a los datos personales de éstas por parte de las personas o instituciones que designaran expresamente, serán establecidos:

a) Por medio de una Directiva europea.

b) Por Ley estatal.

c) Por Ley autonómica.

d) Por Real Decreto.

8. Conforme al artículo 5.1 de la LO 3/2018, estarán sujetas al deber de confidencialidad:

a) Únicamente los responsables del tratamiento.

b) Los responsables y encargados del tratamiento.

c) Los responsables y encargados del tratamiento de datos así como todas las personas que intervengan en cualquier fase de este.

d) Los responsables y encargados del tratamiento de datos así como todas las personas que intervengan en todas las fases de este.

9. Conforme a los artículos 4.11 del RGPD y 6.1 de la LO 3/2018, se entiende por consentimiento del afectado la aceptación, ya sea mediante una declaración o una clara acción afirmativa, del tratamiento de datos personales que le conciernen manifestada por voluntad libre, de forma específica, informada e/y:

a) Detallada.
b) Unitaria.
c) Inequívoca.
d) Por escrito.

10. Los datos personales serán tratados de tal manera que se garantice una seguridad adecuada de los mismos, incluida la protección contra el tratamiento no autorizado o ilícito y contra su pérdida, destrucción o daño accidental, mediante la aplicación de medidas técnicas u organizativas apropiadas; todo ello en virtud del principio de:

a) Responsabilidad proactiva.
b) Integridad y confidencialidad.
c) Limitación de la finalidad.
d) Licitud, lealtad y transparencia.

11. Conforme al principio de limitación de la finalidad, los datos personales serán recogidos con fines determinados, explícitos y:

a) Limitados.
b) Transparentes.
c) Compatibles.
d) Legítimos.

12. Según el artículo 8.1 de la LO 3/2018, el tratamiento de datos personales solo podrá considerarse fundado en el cumplimiento de una obligación legal exigible al responsable:

a) Cuando así lo prevea una norma de Derecho de la Unión Europea o una norma con rango de ley.
b) Cuando el tratamiento se considere una misión realizada en interés público.
c) Cuando se trate del ejercicio de poderes públicos conferidos al responsable.
d) Cuando el responsable sea un órgano u organismo público.

13. Según el artículo 7.1 de la LO 3/2018, el tratamiento de los datos personales de un menor de edad únicamente podrá fundarse en su consentimiento cuando sea mayor de:

a) 12 años.
b) 13 años.
c) 14 años.
d) 16 años.

14. El derecho a la portabilidad de los datos:

a) Se podrá aplicar a los tratamientos que sean necesario para el cumplimiento de una misión realizada en interés público o en el ejercicio de poderes públicos conferidos al responsable del tratamiento.

b) A diferencia de otros derechos, podrá afectar negativamente a los derechos y libertades de otros.

c) Supone la obligación de que, en todo caso, los datos personales se transmitan directamente de responsable a responsable.

d) Requiere que el tratamiento se efectúe por medios automatizados.

15. Conforme al RGPD, ¿puede facilitarse la información al interesado de forma verbal?

a) No, en ningún caso.

b) Sí, siempre que lo solicite el interesado.

c) Sí, en cualquier caso siempre que se demuestre la identidad del interesado por otros medios.

d) Sí, cuando lo solicite el interesado y se pueda demostrar su identidad por otros medios.

16. Según el artículo 12.4 de la LO 3/2018, la prueba del cumplimiento del deber de responder a la solicitud de ejercicio de sus derechos formulado por el afectado recaerá:

a) Sobre el responsable del tratamiento.
b) Sobre el encargado del tratamiento.
c) Bien sobre el responsable o bien sobre el encargado.
d) Sobre el representante legal del afectado.

17. Conforme al artículo 17 del RGPD, el derecho de supresión no se podrá aplicar cuando:

a) Los datos personales ya no sean necesarios en relación con los fines para los que fueron recogidos o tratados de otro modo.

b) Los datos personales se hayan obtenido en relación con la oferta de servicios de la sociedad de la información.

c) Los datos personales hayan sido tratados ilícitamente.

d) Los datos personales sean necesarios para ejercer el derecho a la libertad de expresión e información.

18. Conforme al artículo 18 del RGPD, el interesado tendrá derecho a obtener del responsable del tratamiento la limitación del tratamiento de los datos:

a) Cuando los datos personales ya no sean necesarios en relación con los fines para los que fueron recogidos o tratados de otro modo.

b) Para que el interesado pueda ejercer el derecho a la libertad de expresión e información.

c) Cuando el interesado impugne la exactitud de los datos personales, durante un plazo que permita al responsable verificar la exactitud de los mismos.

d) Por razones de interés público en el ámbito de la salud pública.

19. En relación con el derecho de portabilidad, es cierto que:

a) El ejercicio de este derecho impide el ejercicio del derecho de supresión.

b) Al ejercer su derecho a la portabilidad de los datos, el interesado tendrá que transmitir los datos directamente al nuevo responsable de los mismos.

c) Se aplicará al tratamiento que sea necesario para el cumplimiento de una misión realizada en interés público o en el ejercicio de poderes públicos conferidos al responsable del tratamiento.

d) No podrá afectar negativamente a los derechos y libertades de otros.

20. Conforme al artículo 85 de la LO 3/2018, los responsables de redes sociales y servicios equivalentes deben adoptar protocolos adecuados para posibilitar, ante los usuarios que difundan contenidos que atenten contra el derecho al honor, la intimidad personal y familiar en Internet, el ejercicio del derecho de:

a) Olvido.

b) Portabilidad.

c) Rectificación.

d) Información.

21. Conforme al artículo 81 de la LO 3/2018, se garantizará para toda la población un acceso universal a internet, asequible, de calidad y:

a) Gratuito.

b) Seguro.

c) Estable.

d) No discriminatorio.

22. En virtud del artículo 26 de la LO 3/2018, el tratamiento por las Administraciones Públicas de datos con fines de archivo en interés público será:

a) Lícito.

b) Limitado.

c) Consentido.
d) Sancionado.

23. En relación con el derecho de acceso, el artículo 13 de la LO 3/2018 dispone que:

a) Cuando el responsable trate una gran cantidad de datos relativos al afectado y este ejercite su derecho de acceso sin especificar si se refiere a todos o a una parte de los datos, el responsable deberá facilitar la totalidad de los datos.

b) El derecho de acceso se entenderá otorgado si el responsable del tratamiento facilitara al afectado un sistema de acceso remoto, directo y seguro a los datos personales que garantice, temporalmente, el acceso a su totalidad.

c) Se podrá considerar repetitivo el ejercicio del derecho de acceso en más de una ocasión durante el plazo de seis meses, a menos que exista causa legítima para ello.

d) Cuando el afectado elija un medio distinto al que se le ofrece deberá asumir los costes que su elección comporte.

24. Conforme al artículo 94 de la LO 3/2018, toda persona tiene derecho a que sean suprimidos los datos personales que le conciernan y que hubiesen sido facilitados por terceros para su publicación por los servicios de redes sociales y servicios de la sociedad de la información equivalentes cuando fuesen inadecuados, inexactos, no pertinentes, no actualizados o:

a) Excesivos.
b) Molestos.
c) Improbables.
d) Perniciosos.

25. La Agencia Española de Protección de Datos:

a) Es un ente de derecho privado.
b) Actúa con sujeción a las instrucciones del Ministro de Justicia.
c) Tiene personalidad jurídica propia.
d) Tiene plena capacidad pública, pero no privada.

26. Conforme al artículo 58.3 del RGPD, la autoridad de control podrá asesorar al responsable del tratamiento conforme al procedimiento de:

a) Consulta previa.
b) Informe facultativo.
c) Informe preceptivo.
d) Dictamen acreditativo.

27. La Presidencia de la Agencia Española de Protección de Datos será nombrada por:

a) Las Cortes Generales
b) El Gobierno.

c) El Ministro de Justicia.
d) El Comité Europeo de Protección de Datos.

28. El mandato de la Presidencia y del Adjunto de la Agencia Española de Protección de Datos tiene una duración de:

a) 3 años; renovable para otro período de igual duración.
b) 4 años; renovable para otro período de igual duración.
c) 5 años; renovable para otro período de igual duración.
d) 7 años; renovable para otro período de igual duración.

29. Cuando proceda a la rectificación o supresión del tratamiento, el responsable estará obligado a:

a) Bloquear los datos.
b) Transferir los datos.
c) Limitar los datos.
d) Destruir los datos.

30. Conforme al artículo 28 del RGPD, cuando se vaya a realizar un tratamiento por cuenta de un responsable del tratamiento, éste elegirá, para aplicar medidas técnicas y organizativas apropiadas, de manera que el tratamiento sea conforme con los requisitos del RGPD y garantice la protección de los derechos del interesado:

a) Únicamente un encargado.
b) Tantos encargados como considere oportuno.
c) Al menos dos encargados que ofrezcan garantías suficientes para aplicar medidas técnicas y organizativas apropiadas.
d) No más de dos encargados que ofrezcan garantías suficientes para aplicar medidas técnicas y organizativas apropiadas.

31. Conforme al artículo 33 de la LO 3/2018, el acceso por parte de un encargado de tratamiento a los datos personales que resulten necesarios para la prestación de un servicio al responsable:

a) Se considerará comunicación de datos siempre que se cumpla lo establecido en el RGPD, en la citada ley orgánica y en sus normas de desarrollo.
b) En ningún caso se considerará comunicación de datos.
c) No se considerará comunicación de datos siempre que se cumpla lo establecido en el RGPD, en la citada ley orgánica y en sus normas de desarrollo.
d) En todo caso se considerará comunicación de datos.

32. Quien figurando como encargado utilizase los datos para sus propias finalidades:

a) Tendrá la consideración de responsable del tratamiento.
b) Tendrá la consideración de corresponsable.

c) Deberá renunciar a la figura de encargado.

d) En ningún caso será considerado responsable del tratamiento.

33. Finalizada la prestación de los servicios del encargado:

a) El responsable del tratamiento determinará si los datos personales deben ser destruidos, devueltos al responsable o entregados, en su caso, a un nuevo encargado.

b) El propio encargado podrá determinar antes de finalizar su prestación, si los datos personales deben ser destruidos, devueltos al responsable o entregados, en su caso, a un nuevo encargado.

c) El responsable del tratamiento deberá ordenar la destrucción de los datos.

d) El responsable deberá nombrar un nuevo encargado del tratamiento; que podrá decidir la destrucción de los datos.

34. Conforme al artículo 30.5 RGPD, a menos que el tratamiento que realicen pueda entrañar un riesgo para los derechos y libertades de los interesados, no sea ocasional o incluya categorías especiales de datos o datos relativos a condenas e infracciones penales, estarán exentos de la obligación de mantener un registro de operaciones de tratamiento, las organizaciones que empleen a menos de:

a) 100 trabajadores.

b) 250 trabajadores.

c) 400 trabajadores.

d) 750 trabajadores.

35. No están sujetos al régimen sancionador establecido en el Reglamento (UE) 2016/679 y la normativa española de protección de datos:

a) Los responsables de los tratamientos.

b) Los representantes de los responsables o encargados de los tratamientos no establecidos en el territorio de la Unión Europea.

c) Las entidades de certificación.

d) Los delegados de protección.

36. La iniciación del procedimiento sancionador con conocimiento del interesado, interrumpirá la prescripción de las infracciones al Reglamento General de Protección de Datos, reiniciándose el plazo de prescripción si el expediente sancionador estuviere paralizado por causas no imputables al presunto infractor durante más de:

a) 1 mes.

b) 2 meses.

c) 3 meses.

d) 6 meses.

37. En los procedimientos por posible vulneración de la normativa de protección de datos, las actuaciones previas de investigación no podrán tener una duración superior a:

a) Tres meses.
b) Seis meses.
c) Nueve meses.
d) Doce meses.

38. Salvo cuando los datos hubieran de ser conservados para acreditar la comisión de actos que atenten contra la integridad de personas, bienes o instalaciones, los datos del tratamiento de imágenes a través de sistemas de cámaras o videocámaras serán suprimidos en el plazo máximo, desde su captación, de:

a) 15 días.
b) Un mes.
c) Tres meses.
d) Seis meses.

39. La valoración de la procedencia de realizar la evaluación de impacto en la protección de datos corresponde a:

a) A la autoridad judicial.
b) Al responsable de protección de datos.
c) Al delegado de protección de datos.
d) A la autoridad administrativa competente en la materia.

40. Cuando los datos personales no sean obtenidos del afectado, en la información básica que se le facilite deberá constar:

a) La autorización judicial para el tratamiento de los datos.
b) Una declaración jurada del responsable del tratamiento.
c) Las fuentes de las que proceden los datos.
d) La identidad del encargado del tratamiento, si es un ente sin personalidad jurídica.

Solución al test n.º 16

1. d) Principio de minimización de datos.

2. d) Transparente.

3. c) Si se puede consentir libremente, del mismo modo, se puede retirar el consentimiento.

4. c) Si el plazo se fija en años, concluirá el mismo día en que se produjo el hecho que determina su iniciación en el año de vencimiento.

5. b) El Encargado.

6. d) Podrán dirigirse al responsable o encargado del tratamiento al objeto de solicitar el acceso a los datos personales de aquella y, en su caso, su rectificación o supresión.

7. d) Por Real Decreto.

8. c) Los responsables y encargados del tratamiento de datos así como todas las personas que intervengan en cualquier fase de este.

9. c) Inequívoca.

10. b) Integridad y confidencialidad.

11. d) Legítimos.

12. a) Cuando así lo prevea una norma de Derecho de la Unión Europea o una norma con rango de ley.

13. c) 14 años.

14. d) Requiere que el tratamiento se efectúe por medios automatizados.

15. d) Sí, cuando lo solicite el interesado y se pueda demostrar su identidad por otros medios.

16. a) Sobre el responsable del tratamiento.

17. d) Los datos personales sean necesarios para ejercer el derecho a la libertad de expresión e información.

18. c) Cuando el interesado impugne la exactitud de los datos personales, durante un plazo que permita al responsable verificar la exactitud de los mismos.

19. d) No podrá afectar negativamente a los derechos y libertades de otros.

20. c) Rectificación.

21. d) No discriminatorio.

22. a) Lícito.

23. c) Se podrá considerar repetitivo el ejercicio del derecho de acceso en más de una ocasión durante el plazo de seis meses, a menos que exista causa legítima para ello.

24. a) Excesivos.

25. c) Tiene personalidad jurídica propia.

26. a) Consulta previa.

27. b) El Gobierno.

28. c) 5 años; renovable para otro período de igual duración.

29. a) Bloquear los datos.

30. a) Únicamente un encargado.

31. c) No se considerará comunicación de datos siempre que se cumpla lo establecido en el RGPD, en la citada ley orgánica y en sus normas de desarrollo.

32. a) Tendrá la consideración de responsable del tratamiento.

33. a) El responsable del tratamiento determinará si los datos personales deben ser destruidos, devueltos al responsable o entregados, en su caso, a un nuevo encargado.

34. b) 250 trabajadores.

35. d) Los delegados de protección.

36. d) 6 meses.

37. d) Doce meses.

38. b) Un mes.

39. b) Al responsable de protección de datos.

40. c) Las fuentes de las que proceden los datos.

Cómo acceder al Curso

Auxiliar Administrativo/a
Test del temario

El uso de los códigos **es exclusivo de los compradores de los productos de Editorial MAD**. Cada producto posee un código único y de un solo uso. Es personal e intransferible y da acceso a servicios y contenidos adicionales. Editorial MAD se reserva el derecho de hacer cuantas comprobaciones sean necesarias para identificar al legítimo poseedor del código y dejar de dar servicio a quien haga uso fraudulento del mismo, además de emprender cuantas acciones legales estime oportunas según la legislación vigente.

Deberás acceder a:

mad.es/registro-campus

Si una vez aceptadas las condiciones de uso del Campus decides hacer uso del mismo, necesitarás del siguiente código de acceso junto con los códigos del resto de títulos que se exigen (si fuera el caso):

7JITW2UV4E